青少年心理健康与快乐成长丛书编审委员会

主　　任　隋殿军
副 主 任　侯明山
常务副主任　闫德胜　陈玉全
编　　委（按姓氏笔画为序）

王　浩　　王贺立　　王海英　　付　强　　冯晓杭
朱宏博　　刘　平　　刘宇赤　　刘晓明　　闫　闯
闫德胜　　孙铭铸　　李冬梅　　李嘉英　　宋建铸
张　清　　张天旭　　张宇朋　　陈玉全　　林　吉
周振元　　郑晓华　　胡淑平　　赵　波　　侯　祥
侯大富　　侯明山　　姜东平　　姜立纲　　姜洪波
姚凤华　　郭齐祥　　戚　锋　　盛晓堂　　盖笑松
隋殿军

主　编　侯大富　刘晓明　姜洪波
副主编　盖笑松　孙铭铸　郑晓华

青少年心理健康与快乐成长丛书
主　编　侯大富　刘晓明　姜洪波
副主编　盖笑松　孙铭铸　郑晓华

掌握学习智慧

——打造积极学习

主编　王海英

中国科学技术大学出版社

图书在版编目(CIP)数据

掌握学习智慧:打造积极学习/王海英主编. —合肥:中国科学技术大学出版社,2014.4

(青少年心理健康与快乐成长丛书/侯大富,刘晓明,姜洪波主编)

ISBN 978-7-312-03450-3

Ⅰ.掌… Ⅱ.王… Ⅲ.学习心理学—青少年续物 Ⅳ.G442-49

中国版本图书馆 CIP 数据核字(2014)第 064993 号

出版	中国科学技术大学出版社
	安徽省合肥市金寨路 96 号,230026
	http://press.ustc.edu.cn
印刷	中国科学技术大学印刷厂
发行	中国科学技术大学出版社
经销	全国新华书店
开本	710 mm×1000 mm 1/16
印张	8.5
字数	121 千
版次	2014 年 4 月第 1 版
印次	2014 年 4 月第 1 次印刷
定价	12.80 元

编者的话

快乐是所有青少年共同追求的目标，但如何才能拥有快乐？如何让快乐伴随自己成长？你可能会说，快乐来自于健康的身体，快乐来自于积极的心态，快乐来自于许多知心朋友……没错，"健康"是一个人快乐的基础；你也可能会说，快乐是一种乐观的情绪，快乐是自身潜能和创造性的展现，快乐就是做了一件让自己高兴的事……但你是否知道，这意味着健康的核心是"心理健康"？

如何洞悉快乐的奥秘？如何维护自身的健康？请不要忘记你的伙伴——吉林省12320卫生热线。

说起12320卫生热线，你可能知道它建立的初衷：面向广大人民群众普及健康知识；开展卫生法律法规和政策信息咨询；引导公众科学就医；实施突发公共卫生事件舆情监测、分析与反馈；接受公众咨询、投诉和举报。但你是否知道，近年来它又开通了12320-6心理卫生热线？这条热线将为青少年的心理健康保驾护航，为青少年的快乐成长解疑析难。

为系统、全面地提升青少年的心理健康水平，将问题解疑与健康促进紧密结合起来，吉林省12320管理中心又组织国内心理健康教育专家为青少年编写了这套丛书。希望这套丛书能够引领青少年走进心理世界,维护心理健康,预防心理危机,感悟生命价值,体验快乐成长!

编 者

2012 年 12 月

前言

人生是一本书，一本只能读一遍的书。青少年时期则是这本书中最精彩、最丰富也最难读懂的一章，充满朝气，充满活力。然而青春期既是人生的花季，又是雨季。青少年在享受青春期美好的同时，也在"享受"青春期无尽的烦恼与忧愁。在众多的烦恼中，学习上的得与失、成与败、荣与辱会影响着青少年的情绪情感。青少年朋友走在一方青青校园，沉甸甸的书包里装着沉甸甸的思绪，总想做一个圆圆的梦，生活在温馨的意绪中。为了更好地帮助青少年朋友圆梦，为了做到真正地"学会学习"，我们编写了本书。

本书主要立足于青少年学习生活的实际，通过浅显的故事、有趣的插图，展现青少年学习中常遇到的一系列问题，并对具体的问题进行心理学的剖析，探讨此类问题产生的多方面原因，在此基础上提出具体可操作的解决建议，为青少年以愉悦的状态、饱满的热情投入到学习生活中去提供指导。

本书根据青少年学习心理发展的特点，将青少年朋友学习中的困惑与烦恼分为具体的七个方面，即学习目标的确立、学习策略的指导、学习动机的激发、学习能力的培养、学习习惯的养成、考试心理的调节和学习挫折的面对。每个方面，均通过几个有代表性的小故事来展现，在引起青少年朋友情感共鸣的同时，希望达到调控学习状态的目的。

青春的真谛，就在于那一份稚嫩、一份清纯、一份热情、一份自信，当然也少不了几回思虑、几回痴迷、几回尴尬、几回失意。但愿本书能在青少年学习生活过程中与其相伴，让你增添更多的热情和自信。

由于编者水平有限，书中难免会有各种缺点和不足，真诚希望专家同行和广大读者给予批评指正。

编　者

2013 年 12 月

目 录

编者的话 / i >>>

前言 / iii >>>

第一部分 学习的目标和策略 / 1 >>>

1 寻找目标
4 量体裁衣
7 跳一跳，摘桃子
10 神奇的预习
13 课后的复习
16 正餐要吃饱
19 我爱记笔记
22 阶段性复习

第二部分 学习动机的激发 / 25 >>>

25 要有端正的学习态度
28 寻找动力
31 站起来发言
34 "信"则灵
38 巧妙的归因

第三部分 学习能力的培养 / 41 >>>

41 不仅要"看到"，更要"感觉到"
45 敞开"注意"这扇窗
48 深山藏古寺
51 为什么无人摘李子
54 你拥有记住多少东西的能力

- 57 做人生的哥伦布
- 61 反弹琵琶出新意
- 64 坚强的意志

第四部分 学习习惯的养成 /67 >>>

- 67 大脑也需要休息
- 70 过度学习要不要
- 73 学习的"生物钟"
- 76 强弩之末不能穿鲁缟
- 80 自学出真知
- 83 凌飞的雏燕
- 86 知己知彼，百战不殆

第五部分 学习挫折的面对 /89 >>>

- 89 我只喜欢数学课
- 92 讨厌的英语老师
- 95 沉重的书包
- 98 三个小时一个字
- 101 阳光总在风雨后
- 104 面对成败

第六部分 考试心理的调节 /107 >>>

- 107 摆正心态，掌握应试技巧
- 110 考场上的"克拉克现象"
- 113 借我一双"慧眼"吧
- 116 我脑海中的橡皮擦
- 120 几多欢喜几多愁
- 124 为中、高考加油

第一部分　学习的目标和策略

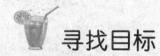 寻找目标

　　一个人没有目标，就像一艘轮船没有舵一样，只能随波逐流，无法掌握，最终搁浅在绝望、失败、消沉的海滩上。在学生中也只有极少数人能确立自己的目标，究其原因，可能是害怕设定的目标到头来落空，被别人耻笑，换来挫败感。还有的人则不知道目标的重要性，或者不知道设定目标的方法。其实最重要的并非"如何"实现目标，而是"为何"要设定目标。

> 管理大师彼得·德鲁克，年纪超过90岁还不停写作，常提出许多管理方面的新创见。在他读小学四年级时，他的老师就要求他把每周要学习的东西先记下来，到了周六时，再与实际的学习成果作比对。德鲁克从小培养做计划、制定目标、做检讨的这一习惯，后来发展出"目标管理"。目标管理也成为德鲁克的管理理论中很重要的核心思想。
>
> 想象你拿着船桨划一只小船横越大海。如果你有一个清楚的目的地，而又知道距离这目标有多远，这时你就会有信心，把目标和现状的差距所产生的压力变成动力。你会持续不断地努力划，直到目的地，你就不会轻易失去信心，不会轻易放弃目标而随波逐流。然而，如果你不能确定何处是岸，要坚持这个目标和信心也许就不大可能。
>
> 目标给予我们力量，让我们充满生命力。德鲁克一生从事写作、教学、顾问工作，不断地追求挑战性的目标，并朝向完美的方向努力，他的生命充满着活力。因为目标与实况有不利的差距时，会使人产生压力，并设法使目标和实况接近。如果有信心达到目标，会积极求解，压力就转化成动力；反之，如果没有信心，我们会用退却合理化来降低压力，压力消失了，动力也就没有了。

心理分析 ▶

这个故事就是要告诉我们：在任何一个领域中，取得比较大的成功的人，他们的行为几乎都是指向自己设定的目标。世界上只有3%的人能设定他们的人生目标，这也就是成功者总只是极少数人的根本原因。大多数人之所以失败，其原因在于他们都没有设定明确的目标，并且也从来没有迈出他们的第一步。有了目标，内心的力量才会找到方向，漫无目标的飘荡终归会迷路。学习也是如此，我们要想成为学习的优等生，要做的第一步就是树立一个成为学习优等生的目标。因为没有目标就没有动力，人生的高度首先取决于是否找准自己的目标，只有选准方向，才能持久稳健地走下去，才有望达到"顶峰"。

应对建议 ▶

在学习的过程中，一旦制定了一个目标，就会从内心深处产生一种力量，努力朝着所定的目标前进。目标，是一种希望，在希望的激发之下，人才会不断地追求进步向上，所以，为了提高学习成绩和效率，需要设立非常明确的目标。学习目标可以分为两个内容：

一是学习的目标，或称学习阶段的总目标。一个人做事有了明确的目标，把目标当做动力，再加上积极的心态，自然就不会觉得累，而成了一种享受，他要做的事情也就没有理由不成功了！只要你认为它可以给你带来源源不断的动力，促使你向着自己希望的方向去发展、去努力，就可以当做自己的目标确定下来了。可以说这是人生中的阶段性目标。

二是阶段性目标。有了这些阶段性目标最终才能实现自己学习的总目标。比如说，我这一节课必须掌握住哪些知识，我这一天的复习要包括哪些内容，这一个月的学习要达到什么效果，小到一个小时，大到一个月、一学期、一年，都要有目标，只有这样，才能不懈怠，不放松，一步一个脚印地朝着自己的最终目标前进。

一般来讲，确定自己的学习目标应当符合以下几个原则：

1. 遵从自己的意愿

如果你充分地相信自己，从某种意义上说，你就具备了从事任何活动，并且达到任何一个目标的信心和能力。一旦你敢于自主地确定自己的学习目标，并为着这个目标投入自己几乎所有的精力时，你在考试中一定可以取得好成绩，高考一定能考上理想的大学。

2. 由自己的兴趣和实力来决定

目标也不是一成不变的，它会随着自己实力的变化而变化，无需过高，也不能过低。有一位高考状元说过："高一的时候，我只能保证自己上武汉大学；高二时改为人民大学；到了高三，我便把目标锁定为北大，并为此奋斗不止。我喜欢这样的追赶，去追寻遥遥领先的理想，在追赶中，我觉得自己是自由自在的人生主人。"

3. 让目标吸引你前进

目标要能促使你克服各种挫折和困难，并为之奋斗，能对自己起到良好的约束和督促作用。

心灵寄语

设定明确的目标，是所有成就的出发点。

量体裁衣

青少年在学习的过程中要不断地确立目标,但目标的确立是讲究方法和原则的,对于学习目标的确立不要太难也不要太易,要符合自身的实际情况。成功的经验使个人逐渐形成"成功是通过自己的努力获得的","原来我也有这个能力和水平"等积极的观念。相反,如果目标定得太高,通过努力实现不了,从而体验到的只有失败,个人就会形成"我无论怎么努力都不能成功,我能力不行","我无力避免失败"等消极观念。

星期五下午,我班开了一次中队会,教师要求同学们每个人都给自己定一个今后努力的目标。王勇站起来,激动地说:"我要当一名建筑师,建造许许多多高楼大厦……"老师说:"盖房子首先要经过周密地计算,要计算必须学好数学,不然怎么能当一名合格建筑师呢?"最后一个发言的是小刚,他说:"我要当运动健将,从明天起,我要每

> 天跑五千米。"同学们一听，都哈哈大笑起来。老师摸着小刚的头，语重心长地说："我们做什么事都应该有目标，但这个目标一定要恰当，应该是你经过努力一定能达到的。你从来不参加运动，一下子就要跑五千米，这切合实际吗？俗话说'量体裁衣'，我们自己设立的目标一定要合乎自己的实际情况。"听了老师的话，小刚红着脸低下了头，我也陷入了沉思。是呀，我们制定的目标要适合自己的实际情况！

心理分析

每个人在做一件事情时，都应该有明确的目标。但在设立目标的时候一定要记住"切合实际"四个字，让自己设立的目标通过自己的努力能够达到。这样，你才能充满信心地不断前进。因为如果设立的目标是自己力所不及的，目标实现不了，个人就失去了继续努力的动力，并产生失落和无助感，在这种失落、无助的感觉支配下，个人就不愿再去为目标尝试和努力了，从而造成"失败—缺乏能力—失落感—表现降低"的恶性循环。人就会因此产生挫败感，打击个人自信，丧失继续努力奋斗的决心。小刚设定的目标就不太符合自己的实际情况，一个不爱运动的学生，一下子要跑5000米，这就不太符合实际了，也是无法办到的。

应对建议

制订目标时必须注意三个问题。第一，明确你所要达到的目标，是要夯实基础，还是要提高答题能力，是要应付即将到来的一次会考，还是面向高考这样更远期的目标，这一切，心里总要有个底；第二，对自己的认知，自己掌握了哪些，欠缺了哪些，优势在哪，劣势在哪；第三，时间是否允许，最主要的应该是你的学习计划有时间执行，而不至于成为一纸空文。

那么，为了达到量体裁衣的效果，我们制订目标应该遵循哪些原则呢？

1. 学习目标的周期性和可操作性

在制订目标时，周期性和可操作性都是要考虑的。周期过长，计划就显得呆板,不切实际,太短了又效果不大。处理这个矛盾可以制订两套计划。一套大计划,处于纲领性地位,主要明确高考的总目标、理想中的大学和需要具备的条件。二是以月为周期的小计划,处于战略性地位,必须尽可能地详细,最好达到每天该干些什么的详细程度。这样就可以兼顾目标的周期性和可操作性了。

2. 学习目标的灵活性

首先,制定的学习目标要避免对自己提出苛刻的要求,不能有急于求成的心理。如果一开始就定出过高的不现实的目标,或许等待你的是挫折和失败。所以,要从小目标开始,树立信心,获得技能,进而实现雄心壮志。其次,在执行学习计划过程中,如果计划不现实,或你的活动和应尽的职责有所变动,修改计划是必要的,因为这是你的计划,所以应该让计划适合你,为你服务。最后,严格执行学习计划,对培养你在固定的一段时间里的学习习惯是极其有益的。与此同时,你应该保留一些灵活性。比如在计划安排之外,你若有学习的愿望,或者有些内容必须学习,那么你就得增加学习时间。

3. 学习目标的差异性

由于每个人的实际情况不一样,因而各人制订计划的重点和要求也是不同的。如有的学生学习基础差,就不必急于自学课外读物,而应把主要精力放在弄懂课本内容上,只有循序渐进,才能取得好成绩。在计划安排的学习时间里,有时有学习的愿望,但有时候感到学不进去,积极性没有了,那么就适当地娱乐一下,但应有节制,因为你是唯一主宰你自己的人。

心灵寄语

我的目标,我做主。

| 第一部分　学习的目标和策略 |

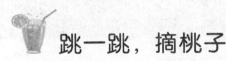 跳一跳，摘桃子

　　苏联著名教育学家维果斯基提出了一个理论，叫做"最近发展区"理论，即说教师每堂课所讲授的教学内容要根据学生已有的知识基础来确定，是学生通过努力就可以实现到的，正所谓"跳一跳，摘桃子"。这同样适用于个人奋斗目标的确定，特别是短、中、长期目标的确定。

　　小刚是个喜欢运动的学生，现在上高二，平时很爱玩篮球，曾代表学校参加篮球比赛。然而，小刚的学习成绩很让父母担忧，尤其是英语成绩更是让人头疼，每次考试都不及格。老师也找小刚谈过几次话，小刚也意识到自己再这样下去，高考一定会失利。于是小刚参照自己学习篮球时的经验，为自己制定了一个学习目标：短期目标是两个月打好英语基础，确保60分及格；中期目标是三个月理解领会阶段，能够确保做题时的准确率达到一半，分数达到70分；长期目标是英语

> 活学活用阶段，分数达到90分。有了这个目标后小刚严格按着目标执行，在短期目标两个月时，小刚的英语告别了不及格，这也就更加坚定了小刚继续坚持目标，不断前进的信心。

心理分析

小刚为了学好英语，为自己确立了学习目标，这个目标确定得很恰当，不是太高，也不是太低。这个目标的确立高于小刚现有的能力水平，但只要小刚努力就能够达到这个水平，如同"跳一跳，摘桃子"一样。小刚将目标分解成阶段性目标，这种确定目标的形式也是很值得学习的。短期目标：对于以学习为主要任务的学生来说，短期目标应该具体而实际，比如说这一学年末争取英语考试成绩从75分提高到80分，每个星期记100个单词。中期目标：中期目标比短期目标的实现要花费更多时间，如果短期一个月，那么中期就可以是一个学期或一年。长期目标：就是要花费更长时间实现的目标，长期目标也是相对的。小刚确定了短期、中期、长期三个阶段的目标，每个阶段任务的难度都要高于上一个阶段，而且，他对于所确定的目标认识得很清楚，加上正确的指导方法，就达到了理想的效果。

应对建议

出色的普通人并不把眼睛盯在过高的目标上，他们只是盯住比眼前的目标略高一点的位置，这样他们就能拓宽自己的知识面，一步一个脚印地前进，而有些聪明的人则做不到这一点。许多同学也制定自己的目标，如果是心血来潮的情况下制定的，那么后来就会发现，目标还是目标，一点儿也没有实现。如何制定"跳一跳，摘桃子"式的目标呢？

1. 短期、中期、长期目标相结合

短期目标是经过自己的努力，稍加完善，就可以达到的；中期目标是在一段时间内可以看到的；而长期目标则是为未来订立的。

不过中期目标是在短期目标不断实现的基础上才能实现的。所以中期目标不能过高，也不能过低，要正确评估自己的能力。

2. 目标是健康的、极具吸引力的

目标必须是健康的、积极的，是对自己的前途有益的，并且是要通过自己的努力奋斗来实现的，而不是现成的，没有任何挑战性的。

3. 目标要明确具体且有期限

无法度量的目标无法实现，因此目标要具体。比如，本学期关于语文考试的目标是什么？有同学会回答："考试的分数越高越好""考出自己的水平就可以了"……而明确的回答是："考 90 分。"另外，目标要有期限。"我一定要读 10 本书。"什么时间完成呢？1 年、10 年，还是一辈子？没有说清楚。目标必须要有期限。比如，我一定在 1 年内读 10 本书。

4. 目标要合理并分解成小目标

所谓合理，是指通过自己的努力可以实现。如果你无论如何努力都实现不了，那就失去了制定目标的意义，信心也会受到打击，而分解成中期目标和短期目标，相对来说就可以实现，不至于丧失信心。

心灵寄语

分阶段确立目标，分目标的实现是总目标成功的基础。

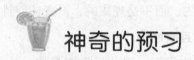

神奇的预习

同样的年龄,坐在同一间教室里,听同一位老师讲同样的内容,但同学们对新课的理解和吸收程度却有很大的差别。那么产生这样结果的原因是什么呢?

> 张楠在上课的时候,老师每次提出问题时,都能迅速而准确地回答出来。甚至有时候,老师提出难的问题或要同学举例子,许多同学还在想呀想呀,而张楠已经把答案准确无误地说了出来。有几个同学感到不理解,就去问老师:"为什么张楠能够听得那么清楚明白呢?反应那么快呢?"老师耐心地说:"就是因为张楠每天回家都能认认真真地预习老师第二天要讲的内容。"后来,老师鼓励大家像张楠学习,并请张楠给大家介绍了她预习的方法。从此,全班同学都主动地预习功课,同时在课堂上踊跃回答问题。通过预习,使每个同学的学习兴趣增

> 强了，也对自己的学习有了信心。在期末考试的时候，每个同学的学习成绩都有了明显提高。老师和同学的心里充满了成功的喜悦，脸上也露出了开心的笑容。

心理分析

预习就是学生在课前自学，亦即在老师讲课之前，学生独立地自学新课内容，做到初步理解，并做好学习新知识的准备工作的过程。预习是学生学习过程中一个必不可少的环节，对学习效果影响很大。预习是合理的"抢跑"，一开始就"抢跑"领先，争取了主动，当然容易取胜。预习作为学习知识的第一步，能给接着要上的新课打好基础，有助于提高听课效率，具有以下作用：第一，预习有助于扫除听课中的知识障碍；第二，预习有助于提高听课效果；第三，预习有助于提高课堂笔记的水平；第四，预习有助于自学能力的培养。

同样的年龄，坐在同一间教室里，听同一位老师讲同样的内容，但同学们对新课的理解和吸收程度却有很大的差别，其原因就是不同的同学听课的起点和接受能力不同。有的同学课前不预习，上课时才匆匆打开课本，对新课内容一无所知，听课完全处于一种盲目被动的状态，听天由命，一节课下来有的听懂了，有的似懂非懂，有的甚至就是听天书。而有的同学听课是有备而来的，课前做了充分的预习，对所学新课有了整体的了解，对新课要讲什么，重点是什么，难点是什么，做到了心中有数，听起课来如鱼得水。因而，让学生知道预习的重要性并学会预习对于提高学习效果具有相当重要的意义。

应对建议

预习是为学习新知识做准备，这种准备包括：对已知的复习，对新知的初步认识，初步了解新知的难点并引发质疑点，对学习新知识做好心理准备。什么才是正确的预习方法呢？

1. 明确科目

根据每一科的不同特点，应该有不同的预习方法。数学需要动手做的多一些。例如一个公式，先了解公式的内容，然后看看例题，之后就可以自己做几道练习试着用一用公式。语文需要记的多一些，要预想出哪一部分是重点，记一记生词，分析一下段落的划分及段意。英语与语文预习很相似。

2. 明确预习的方法

很多同学预习中采取了死读苦解的方法，这是对预习方法茫然。简单地说，在预习过程中有两个关键技术要掌握：一个是知识回顾，一个是假设联想。"温故而知新"说的就是这个道理。中学学习的知识之间的关联性很强，往往以前学的知识就是新知识的基础，预习时，不要一下子就开始看新知识的具体内容，而要先看看新内容的题目，回顾一下以前相关的知识，同时结合一些常识和推理性思维，思考运用旧知识研究新知识，再有针对性地下手解决新知识。

3. 明确预习的时间

预习的时间不宜过长，每天只需留出半个小时或一个小时的时间去预习。其实，预习不用花太长的时间，十几分钟看完一科就行。这样既可以提高同学们的阅读和学习速度，对于概括能力和分析能力也有一定的锻炼。

4. 明确预习的内容和任务

学生预习中要完成如下的任务：一是初步理解新知识的基本内容和思路；二是复习、巩固和补习有关的旧知识；三是找出新知识中自己不理解的问题；四是适当做预习笔记，将预习中自己已经理解的问题有条理地写下来，同时将预习中自己无法解决的疑点、难点整理出来，以便向同学、老师请教，另外还要记下在预习中自己对教材重点的预测和估计。预习不是复习，只要将要学的内容在头脑中形成个框架即可，有一些细节的东西不用看，留到课上去听老师讲。另外，预习的时候一定要找到问题，分清哪里自己看明白了，哪里不懂，带着问题去听课。

心灵寄语

预习是学习成功的关键一步，对于学生的学业成功是有百利而无一害的。

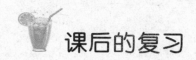

课后的复习

孔子曾说过:"学而时习之,不亦乐乎","温故而知新,可以为师矣"。德国学者狄慈根则指出:"重复是学习的母亲。"从现代教育心理学的角度来看,复习的作用主要有四:一是使获得的知识系统化,二是有利于知识的进一步领会、巩固与应用,三是弥补知识上的一些缺陷,四是使基本技能进一步熟练。

> 课堂上,张老师向同学们提出一个问题:"什么是复习?"
> 小红说:"复习就是考试前把书本上的知识再学一遍。"
> 李刚说:"复习就是为了应付考试。"
> 同学们各抒己见,纷纷说出了自己对复习的看法。随后,张老师给大家讲了一个故事:宋朝有个秀才叫陈正正,开始求学,得到一本书后,便一口气往下读,很快读完了,但没有记住多少内容。他认为自

己记忆力差,后来请教朱熹,朱熹告诉他:"以后读书,一次只读五十字,一连读它两、三百遍。"陈照办,读得不多,力求记牢,经常复习,结果成了很有学问的人。

讲完这个故事,张老师说:"作为学生,复习人人要碰到,复习的确很重要。世界上任何事物都是靠日积月累,从点滴做起的,这是一个规律,一口吃个胖子是不可能的。所以,同学们平时一定要注意复习,不然,'学'到的东西又统统还给老师了。"

心理分析

张老师讲的故事是要告诉我们,作为学生,复习很重要,复习的目的是为了把学到的知识贮存在头脑中,为吸取更多的新知识服务。复习不仅在考试前进行,更重要的是平时的复习。复习是指重新学习已经学习过的知识,但它不是简单的机械重复,而是对知识的一种深度加工,使所学知识系统化、条理化。复习在知识学习的过程中是重要的一环。

学习实践中,不少同学往往忽视对新知识的及时复习,总是习惯于等到考试前再集中、突击复习。这样做的结果是:一方面,掌握的知识往往不是很牢固,极有可能妨碍后续的学习活动,影响整个学习进程;另一方面,面临大量的学习任务,越积越多,必然引起质的变化,最终学习成绩可能趋于下降。学习新知识后早一点儿复习,从方法论上讲,就是记忆的及时巩固法,对学习过的材料进行及时的、多次的强化,以巩固其在大脑中的印象。

应对建议

根据德国记忆心理学家艾宾浩斯的研究,人对所学新知识的遗忘规律是先快后慢,所以我们的复习活动应该是先密后疏。一般说来,在9小时以内,花10分钟复习效果要比在5天或者10天以后花几个小时复习的效果还要好。对当日所学的知识要及时复习,所以课后复习是我们每天的必修课。

1. 利用好中午饭后和午休前的时间

这个时间段可以对上午所学的科目进行复习,可以先回想、重温上午课堂上的主要内容，然后再翻开课本或者笔记本进行核对，时间短效果好。尤其是上午刚刚学过的英语单词，大脑的记忆痕迹还没有完全衰退，此时复习巩固率高。

2. 晚上复习之后再做作业

作业前，先不打开课本等相关资料，而是先尝试着回忆本科目今天都讲了些什么。手不离笔，边想边在草稿纸上快速写下要点。回想一下课堂上的内容，不妨认真问一下自己：共讲了几个问题？哪些要点还比较模糊？如果感觉有些实在想不起来了，那有可能是自己的知识漏洞。然后，再打开书，打开笔记本，看看自己遗漏了哪些要点。再后，对课堂笔记本的留白进行整理、补充。这其实是一个"磨刀不误砍柴工"的过程，这个复习活动做好了，一会儿做作业时就不用再回头翻书了，对当天所学的知识熟练了，作业自然效率也高了。那么，作业的评价和反馈功能也就完全发挥出来了。

3. 当日作业完成后的时间

这个时间用来复习前一天或前一段时间的内容。因为学习是一个连续的过程，前前后后总是层层相关互为因果的，把前面学习过的内容纳入当天的复习范畴内，容易使知识的掌握模块化、系统化，易于将来大考复习时建立立体化的知识结构。当然，这个时段的复习任务可以和错题档案结合起来。

4. 临睡前的时间

当我们完成了一天的学习，晚上躺在床上不能马上入睡时，别忘了这是一个绝佳的"过电影"时间，在这个很短的时间里，我们可以把白天所学的东西在大脑里过一遍，尤其是对于那些机械性的记忆难点，如英语单词、语文的文言文背诵等。

> **心灵寄语**
>
> 所学知识总是会遗忘的，为尽量减少遗忘，复习是必不可少的。

正餐要吃饱

课堂学习是学生在校学习的基本形式,学生在校的大部分时间都是在课堂上度过的。课堂上学生的听课效果,直接影响着学生的学习效率和学习成绩。现在有很多学生不会利用课堂的时间,使学习变成一件痛苦的事情。

> 小刚是初中一年级的学生,上课的时候总是听了一会儿,就不自觉地东瞧瞧、西看看,而且上课极易走神。一堂课上要溜几回神,等到老师提醒转过神来听课时,由于接不上前面的内容,听不懂,就更不爱听了,又开始走神。一堂课下来,桌上的本子空白一片,脑子里也如本子一样,什么知识都没学到。老师针对他上课走神的问题批评过他几次,可是小刚怎么都改不过来,考试成绩自然不好,老师和家长都很着急。他自己也知道上课应该认真听讲,不能走神,一直想改掉

> 这个坏毛病，也尝试过许多办法来约束自己，但都没有奏效，一上课就又不自觉地"神游"了。

心理分析

此案例是属于学习心理问题中的不会听课现象，这种现象在现代学生中大量存在。作为一个完整的教学过程，听课—练习—复习等一系列环节相互衔接，人们常把听课比喻成正餐，可见听课在学生学习中占有重要位置。

从心理学的角度讲，初一的学生虽已发展了有意注意，但还是容易受其他事物的吸引而分心。这个年龄的孩子自我控制能力较差，上课不专心听讲，这有其自身年龄特点的原因。另外，小刚之所以会出现上课不会听讲，总是走神的情况，也是因为没有养成良好的听课习惯，没有掌握有效的课堂学习方法。其主要表现是课堂上的时间不能很好利用，注意力难以集中，搞不清主次，总想把老师讲的全部记住，结果什么也没记住，上了一堂课，竟不知道这堂课到底讲了哪些内容，听课没有目的、没有准备，不会记课堂笔记，找不出这堂课的疑点、难点和重点。

因此，学会听课，是提高课堂学习效率的重点，也是学业成功的关键环节。

应对建议

如何克服不会听课，养成良好的听课习惯，提高学习效率呢？不妨采取如下方法：

1. 上课前要调整好情绪

良好的精神状态，是听好课的基础。头脑清醒，精力旺盛，全力以赴来听课，即使外界有干扰，也要置之不理。可以通过课前班级全体唱歌来振奋精神，或者做些热身小活动等方式来调整好情绪。

2. 做好预习

这是重点，也是基本的问题。课前做一下预习，掌握这堂课的基本知识结构，心里有个大致了解，知道哪些内容教师要在课堂上讲授。集中注意力是听好课的关键，课堂上要自觉认真听讲，尽量多学点东西。要积极、主动地从老师那里搜索、捕捉知识。

3. 正确认识听课与复习

复习是为了理解掌握课上老师讲的内容。对于学生，听课是根本。听不好课，课下做多少练习都很难有好效果。听课仿佛是学生的正餐，看参考书仿佛是辅餐或零食，如果因后者而耽误前者则本末倒置。在学完课程后做适当练习，以达到巩固和拓展的效果是对的，但不能搞题海战术。

4. 采用三维听课法

即同时利用眼、耳、脑去积极地捕捉知识。眼，要注意看老师和老师的板书；耳，要善于发现老师提出的重要内容；脑，要记牢主题，用适当的速度进行思考，并注意培养判断推理能力。如果在课堂上真正做到了听与记、记与答相结合，组成听、记、答"三部曲"，就能将你所获得的"知"转化为"能"了。

5. 适应老师的讲课方式

学会正确对待每一位老师，学会适应各任课老师的授课特点，并善于发现、善于总结、寻找规律，根据老师的特点来调整上课时的一些思路、行为以提高学习效果。

6. 不要一味执着于思考听不懂的知识点，而耽误接下来的听课

许多学生上课时有个常见的毛病：一旦在听课的时候"卡壳"了，也就是遇到听不懂的内容时，往往会习惯于思考听不懂的知识点，从而耽误听下面的课，想了一会，没有想明白，再去听老师讲课，而老师又已经讲过去许多内容了……，这样就会形成恶性循环，最终影响课堂效果。

所以，听课时遇到不明白的知识点不要一味执着去想，而是要暂时接受这个知识点的结论，然后跳过去，接着听下面的课。

> **心灵寄语**
>
> "课堂一分钟，课后十分钟"，利用课堂上的分分秒秒，会达到事半功倍的效果。

我爱记笔记

你是否也有过这样的体验：上课时听得很认真，而且课堂上思维也很清晰，可是下课之后，在做作业和运用知识的时候总会出问题；或者，上课时忙活了一节课，老师说的每句话都在听，下课后却感到自己没学到什么知识，看看笔记，记得很乱。

郑阳和王宇是同班同学。老师发现，这两名同学在上课时，各有各的听课方法。郑阳不停地记笔记，几乎把老师讲的东西都记在本子上。而王宇从来不动笔，只用耳朵听。而这两名同学的作业却很相似。原来郑阳记笔记时，是不加思考的，一味地记下了笔记，但抓不住学习的重点，所以在做题的时候，仍出现各种问题。而王宇只用脑袋记，不动笔，当然会丢掉和忘掉一些重要的内容，好记性不如烂笔头嘛。当老师了解到郑阳和王宇的情况后，给全班同学上了一堂关于记笔记的课，首先老师讲解了记笔记的好处，其次老师讲明怎样记笔记，才能收到良好的效果。郑阳和王宇听了后，恍然大悟，明白了自己是走了极端，记笔记是有学问的。

心理分析

案例中两个同学都不会记笔记，郑阳是一直记笔记，不分重点，王宇是不记笔记，只用脑子记。两位同学都走了极端，既影响听课效果，又影响学习成绩。上课要以听讲和思考为主，并简明扼要地把老师讲的思路记下来，课本上叙述详细的地方可以不记或略记。同时，要记下自己的疑问和自己的思想。还有就是记笔记时，不要把笔记本记满，要留有余地，以便课后反思、整理，这样既可以提高听课效率，又有利于课后有针对性地复习，从而收到事半功倍的效果。

在学习中要学会记课堂笔记，这有利于集中听课的注意力，有利于突出知识的重点和难点，有利于记忆和复习。青少年学习任务繁重，需要识记理解的知识又很多，掌握正确记笔记的方法，养成记笔记的习惯，可以克服"眼高手低"的坏毛病，形成严谨的学风，从而提高学习效果，对良好人格的塑造也有促进作用。

应对建议

记笔记时，不仅眼睛要看，而且口里要读，手里要写，心里要想，做到眼到、口到、手到、心到，这样才达到了记笔记的有效性。

下面就介绍一下如何记笔记，笔记上都记些什么。

1. 记提纲一目了然

有的同学在课堂上记数学笔记，常会出现听了来不及记，记了来不及听的现象。其实，没必要记下所有的东西，应详略得当，提纲挈领。记好提纲，使得一部分内容学下来后，觉得脉络清楚，然后可根据提纲进行回忆、补充。有了恰当的提纲，我们在整理笔记时，就可以进行补充和完善，加深对相关内容的理解和把握。

2. 记思路按图索骥

记思路是切实有效的，有了思路，就像航海时有了航标灯，自然就有了前进的路线和方向。记思路也要因地制宜，如果对于一个难题，听了或看了仍头绪不清，难以理解，比较茫然，这时，记思路就应该详细些，并记好结论，方便复习和思考。

3. 记重点有的放矢

首先要关注开头和结尾。在开头时要能明确提纲、把握重点，记录时就会有的放矢，结尾虽话语不多，却是这节内容的精彩提炼和复习巩固的提示。高度关注老师反复强调的内容，重点内容在课堂必会反复强调，有时老师会把有关内容框出、划出，或者用彩色笔写出以引人注意，突出重点。明确了重点，我们的记录就能详略得当，泾渭分明。

4. 记疑难追根求源

在教学过程中，老师经常会妙例譬喻，即补充一个经典的例题或恰当的比喻来引入概念、突破难点、强化重点、说明方法或优化思维。有的会让我们恍然大悟，有的会让我们回味无穷。记下补充的内容，用到的时候可以信手拈来，使得我们在学习的过程中，发挥这些补充内容的功能，把知识理解深刻，把方法掌握牢固。

5. 记总结高屋建瓴

每节课听下来，老师都会归纳或引导同学归纳所学知识的精髓，达到高度概括，融会贯通。记录好总结的内容，使所学的相关内容变得一目了然。如果自己能给出言简意赅的总结，说明对这部分知识已得到深刻理解，方法也掌握得游刃有余了。

6. 记感悟标新立异

学习可以分为三个层次，一是"懂"，就是听懂老师讲解的内容或看懂书上的有关内容，这是学习要达到的初级层次；其次是"会"，需自己动手、动脑进行模仿练习和实践；第三是"悟"，就是对所学知识悟出道理来，对所训练的方法悟出规律来，从本质上进行把握，这是学习的高层次，也是我们追求的效果。

心灵寄语

好记性不如烂笔头，写一写，记得更深刻。

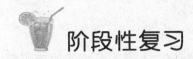

阶段性复习

埃德加·富尔曾预言:"未来的文盲不再是不识字的人,而是没有学会怎样学习的人。"学习是我们的主要任务,由于每个人的学习基础在程度上有差别,主观努力不同,对学习方法的选择与掌握也不一样,因此,尽管在同一环境、同一条件下学习,效果也会千差万别。

> 张楠和于勇是同桌,张楠学习特别勤奋认真,抓紧一切时间学习,于勇特别聪明,学习更灵活一些。就要期末考试了,两个人都开始准备考试,张楠把学习的内容背了又背,整天闷在教室里学呀学。而于勇却只是在自习课上,翻翻这,看看那的,好像也不太认真。在期末考试成绩发布的时候,于勇的成绩竟然比张楠的好,老师和同学都很佩服他,就请于勇给讲一讲他的学习方法。于勇说:"在背题的时候,我总是想一些方法,使自己记得更牢一些,如果采用这种方法记不住,

> 我再想别的方法。平时每学完一课，我都在头脑中想一想：哪些记住了，哪些还不会，哪些是重点，都得弄清楚。在学习时，不断地进行总结，积累自己的学习经验。时间长了，在复习的时候，我翻翻书，想一想，没记牢的地方，再看一看就行了。"

心理分析

阶段总结是复习的一种高级形式。单纯地重复复习只是机械地再过一遍，而阶段总结是自己动手动脑把特定的一段时间内学过的东西串起来，总结归纳一下，做更深一层的理解工作，好比是找到一本合适的相册，把零乱的照片排列起来，以做到条条有理。我们常说会读书的人要能把书"由厚读薄，再由薄读厚"，这其中阶段性总结是一项必备的工作。在故事中，我们可以看出于勇的学习方法好，会进行总结，积累学习经验，不断改进学习方法。但很多同学在学习中习惯于跟着老师一节一节地走，一章一章地学，不太在意章节与学科整体系统之间的关系，只见树木，不见森林。随着时间的推移，所学知识不断增加，就会感到内容繁杂、头绪不清，记忆负担加重。做任何事情都要讲求方法，只有方法得当，才能高质量、高效率地完成任务。

应对建议

曾有专家提到：智商至多能解释成功因素的20%，其余80%则归因于非智力因素。学会学习，掌握正确的学习方法，就是将有利于学习的智力因素与非智力因素积极整合，挖掘每个人的潜能，提高学习效率。那么我们如何学会学习呢？

1. 要明确目标，找准定位

我们无论做什么事都要有明确的奋斗目标，学习尤其如此。目标越明确，学习积极性就越高。目标越宏伟，为实现目标所付出的努力就越多，学习意志就越坚强。我们每个同学都要根据自身实际，制定好每学年甚至每学期的学习目标，制定好自己在全班乃至于全年级的奋斗目标。

2. 学习要有计划

要制定细致的日学习计划，从早上起床到晚上就寝前的时间都要有一个详细的计划，以便约束自己的学习行为。每日进行反省。双休日和假期要制定学习计划，除了完成老师布置的作业，自己还要看哪些书、安排哪些活动。

3. 要珍惜时间，有效学习

碌碌无为的人磨时间，无理想的人混时间，懒惰的人熬时间，勤奋的人挤时间。生活在校园中的我们，想想自己属于哪种人。我们要把握好有限的时间，合理安排，保持良好的精神状态，心态平和，情绪稳定地高效学习和复习。在一步步的前进中寻求学习和知识技能上的收获最大化。

4. 要自觉自律，自主学习

学习的一切只能靠自己把握。法国诗人拉·封丹说过：耐力和持久胜过激烈和狂热。在最最平常的学习生活中，需要那份耐性和坚韧。正是这种学习的不间断和持之以恒，才能不断有心得，不断有体会，不断有积累。

5. 养成联想的思维习惯

在学习中我们应经常注意新旧知识之间、学科之间、所学内容与生活实际等方面的联系，不要孤立地对待知识，养成多角度地去思考问题的习惯，有意识地去训练思维的流畅性、灵活性及独创性，长此以往，必然会促进智力的发展。知识的学习主要通过思维活动来实现，学习的核心就是学会思维，知识的掌握固然重要，但更重要的是通过知识的学习提高智力素质，智力素质提高了，知识的学习就会变得容易。

6. 要注重环节，扣住关键

学习一般可分为四个环节：预习、听课、复习、作业。每个环节都有其特点，也有其关键。

心灵寄语

学习无定法但也有法，学习不得法，费时费功成绩不理想。掌握正确的学习方法，养成良好的学习习惯是学习成功的必经之路。

第二部分 学习动机的激发

 要有端正的学习态度

中学生对学习已经有了一定的认识,能够把当前的学习与自己的将来联系起来。但是有的学生学习态度不明确、不够稳定,这就需要给予正确的引导和教育。

> 小刚不喜欢上学,每天都要在父母的催促下才去学校。在课堂上,小刚常常不听讲,不是低头摆弄东西,就是发呆,不知在想什么。老师布置的作业,他也不认真做,字写得七扭八歪,有时甚至还在作业本

上画小人。在家里，他总是长时间地守在录音机旁，听他心中偶像所唱的歌，要么就看电视，直到父母反复催他，他才打开书包应付老师留的作业，遇到有一点儿难度的题，他就空在那儿，等着老师来讲解，他自己一点儿也不动脑筋。结果，在初一下学期的期末考试中，小刚由于考试作弊而受到学校的警告处分。父母为小刚现在的境况很是着急。

心理分析

小刚有这样的结果，完全是他不端正的学习态度在作怪，如果他能及时端正学习态度，认真地对待学习，相信他会把学习成绩搞上来的。对学习持肯定态度的学生，有着比较强的学习愿望，他们总是十分积极地参与各种学习活动，自觉地学习，从而获得很高的学习效率。而对学习持否定态度的学生，则对学习没有什么积极性，上课时总是思想"溜号"，不是自己做小动作，就是与邻桌的同学说话，影响别人听课。他们总是不能自觉地学习，学习效率也很低。

心理学上称，态度是个人对他人、对事物比较持久地肯定或否定的内在反应倾向。对于学生的学习而言，学习态度则是学生对学习所持的肯定或否定的内在反应倾向，它影响着学生对学习的定向选择，学习态度是影响学生学习的重要因素之一。对学习持有积极态度的学生，就会有较强的学习愿望，积极参与各种学习活动，能从学习中找到乐趣，体现出学习的主动性、自主性；相反，对学习持有消极态度的学生，则是另外一番景象。

应对建议

端正良好的学习态度影响着学习的质量，那么要怎么做才能培养良好的学习态度呢？

1. 制定合理的学习计划

设定一个目标，并制定学习计划。目标要切实可行，既不能高不可攀，也不要毫无吸引力。督促自己执行学习计划，每一天都不放松。在计划的执行过程中，及时发现自己的进步，体验成功的喜悦。

2. 必要的课前预习

中国有句古话："凡事预则立，不预则废。"这句话强调不管做什么事，要事先有充分的准备。我们学习课程知识，课前的预习，既是心理准备，也是具体内容的准备。

3. 听好45分钟的课

在学习过程中，会不会听讲是最重要的。如果有了预习的基础，在心理上就会有一种想听听教师怎么讲、跟自己的理解一样不一样的愿望。老师讲课，一般来说比我们自己预习了解得深入。上课要跟着老师的教学走，眼睛看、耳朵听、心里想，需要做练习时马上动手。要明确地记住重点和难点，基础知识、定义、定理要进行强制记忆，要掌握例题的解答步骤和方法。如遇到卡壳的地方，要反复思考弄懂。

4. 提高作业质量

做作业的要求是：看清题，抄准题，理清思路，一次做对，认真检查。有的同学只顾快点完成作业，题目没看清楚，有时抄错题，不是先想好了再动笔，而是写一步想一步。这样，作业质量肯定不会好。要知道做作业是运用所学知识解决问题、提高学习技能的过程，必须踏踏实实，一步一个脚印。

5. 做读书笔记和摘要

读书时笔记和摘要主要包括以下方面的内容：①记下书名、作者；②采摘生字、新词及佳句；③记录主要人物和主要内容；④在书上批注；⑤列提纲；⑥写读后感。

6. 具备多种思维方法

锻炼学生思维方法，发展思维能力，是进行方法指导的一项重要内容。进行思维锻炼时，我们除了要学会将所学知识进行分类、比较、分析、综合、归纳等一些逻辑思维的基本方法外，还应重视求异思维、发散思维、辩证思维等思维方法的培养，使我们的思维能够灵活运转。

心灵寄语

一个人的态度很重要，不管从事什么事情，态度的积极与消极直接影响其行动的结果。

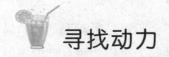

寻找动力

目前青少年常常有学习动机缺乏的现象。李晓也正经历着无法集中学习的困惑。这使得她的家人和她一样的苦恼，很想为李晓找到学习的动机，帮助她走出困境。

从小到大，李晓一直是父母的骄傲，每次考试都位居全班前几名，成绩很优秀。渐渐地，随着年级的升高和学习压力的增大，看着身边的同学都在埋头苦学，李晓反而困惑了。有些茫然的她在日记中写道："……已经高二了，所有的同学都在拼命地学习，我也一样。可有的时候，停下来问问自己：你为什么要这样努力学习呢？是为了参加高考？为了别人都在学，所以我也学？为了家里人的期望？为了……我搞不清楚了。最近经常会感到好像突然间没有了前进的动力，也不知道自己起早贪黑地图个什么。一想到高考之后会去做什么，会是什么样子，

> 会感到很茫然，好像迷失了自己……"这个困惑一直困扰着她，使她无法集中心思来学习，渐渐地她的学习成绩开始下滑。

心理分析

学习动机是直接推动人学习的内部动力。学习动机具有引发学习行为的激活作用，驱使学生采取一系列学习行为进行学习。学习动机缺乏的青少年学生常常表现为学习懒散、无精打采，听课时注意力分散、不能积极思考、时常走神；课后不愿复习、不愿做作业，对所学专业不感兴趣。

李晓的表现主要是因为没有正确的学习动机造成的。学习动机的实质是学习需要。这种需要是社会、学校、家庭的影响在人头脑中的反映，也就是"为什么"要学习的问题。李晓就是没有使自己感到学习是自身发展的需要，而过于看重外在的父母的期望和同学的反应等因素，没有把外在的动机转化为自己内在的动机。然而与外在动机相比，内在动机更能推动个体的活动，使个体满足于活动的过程，并且能更长久地维持个体的活动。李晓缺少的恰恰是正确的内在学习动机，如学习兴趣、好奇心、求知欲、学习目的、学习态度、学习抱负、志向等。

此外，李晓的茫然感来源于她缺少理想，学习没有明确的目标。心理学研究表明，在学习过程中，怀有崇高理想的人，必然会有高强度的内在学习动机。

应对建议

为了激发和提高学习动机，可以从以下几个方面着手：

1. 提高思想认识，消除影响学习动机的外部不良因素

中学生应当在思想上树立正确的学习目的，消除影响学习动力的外部不良因素。要把那些庸俗的、玩世不恭的、不负责任的、目光短浅的、贪图享受的看法驱逐出自己的大脑，多接受正面的、积极上进的、严肃认真的、鼓励人积极奋斗的观点。

2. 主动调节自己的行为，坚持积极正确的做法

如果原来自己有了一些积极的正确的做法，就应当下决心坚持，不为外来的错误思想和观念所左右，不能让错误的认识代替自己正确的认识，不能让错误的行动代替自己正确的行动。只有能主动调节自己的心理与行为，才能证明自己具有了独立的思想和观点，才是逐渐走向成熟的中学生。

3. 积极努力创造成功，增强对学习的自信心

学习的成功是积极努力创造获得的，不是不费吹灰之力等来的。成功会带来自信，自信会增强自己的学习动机，使自己精神焕发，愿意挑战学习任务。人在克服困难完成挑战性任务的过程中，会逐渐发现克服困难的乐趣，从中获得促使自己努力的原动力，使自己在学习中劲头更足。

4. 分析自己的需要，提高需要档次

心理学家马斯洛曾经把人的需要由低级到高级分成不同的层次。他认为，低级的需要获得满足以后，人就产生追求上一级需要的动机。根据马斯洛需要层次理论，有些中学生如果把自己的需要仅仅定位在低层次水平上，只能说明他们的社会性不强，还没有社会化为高级的、社会性更强的人。所以，中学生应该明白学习是一种高级的需要，是应该具有和追求的目标。放弃这种需要，逃避这种需要，自己的人格档次就难以提升。

> **心灵寄语**
>
> 理想是转化为内在学习动机的一项重要心理因素。

站起来发言

在中学生的课堂上,学生沉默的现象屡见不鲜。随着年龄的成长,同学们变得顾虑多了,不再是童言无忌的年龄了,大家似乎稳重了、深沉了,不愿被当成叽喳不已的小孩了。

> 小明是个聪明活泼的孩子。在小学时,上课经常积极发言,只要老师提出一个问题,小明就会争先回答,其他同学同样争抢回答问题。当老师提出了一个问题时,话音未落,就有许多声音在争抢:"老师,我!""老师,我!"。然而,自从上了初中之后,小明踊跃发言的次数越来越少,只有当老师提问时,小明才会站起来回答问题,班级里其他学生也是如此。对于老师提出的问题,老师提问了三四遍,仍然只能听到老师自己的声音:"有人知道吗?""都不会吗?""有谁知道?",

> 同学们都开始保持沉默了，不愿意主动站起来发言。班级里昔日热烈积极的发言场面一去不返了。

心理分析

小明班级里的现象是学生对学习缺乏好奇心，学生的学习兴趣减退，学习自信削弱，良好个性品质缺失的反映。当代中学生缺乏主动探索的精神，求知欲淡薄，这有生理和心理发展的原因，也有社会和教育的原因，答对受奖答错受罚，颜面无光，不如"不求有功，但求无过"地保持沉默，即使有老师充分调动课堂气氛，往往也要预热半节课才会有高潮出现。其实，更重要的也是因为，中学的知识相对于小学来说要更复杂，难度要更深，学生在学习的时候遇到很多困难，不如以前那样轻松，渐渐地也就对学习失去了好奇心和兴趣，面对自己不感兴趣的知识，学生自然要保持沉默了。

应对建议

面对枯燥、乏味的课本知识，学生要怎么做才能激发自己的好奇心和学习兴趣呢？

1. 激发需要

需要是学生学习积极性的源泉。需要的激发就是使学习过程中的学习动机由潜伏状态转入活跃状态。学生要以解决某一问题为学习的起点，为了解决某一问题而去读书，去听讲，去搜集材料或去实验。充分调动自己学习的积极性，从而形成自觉性、坚定性、自制力、有恒心等学习品质。

2. 明确目的

作为一名学生，必须明确学习的目的和意义。学习使人获得新的知识经验，人们在获得和应用新经验时，扩展、完善着原有的认知结构，重新塑造着个性，使心理发生量和质的变化，并达到新的水平。学生应该懂得自己的义务、责任，促使自己对缺乏兴趣的学习任务，也努力去完成。同时，要把当前的学习与未来理想、实际应用联系起来，以激发自己的求知欲。因此，要想努力学习，就应该有个真正属于自己的梦想。

3. 参与竞赛

竞赛是激发学生学习动机和提高学生学习成绩的一种有效手段。通过竞争活动，学生的成就动机更加强烈，学习兴趣和学习毅力也会有所增加。在参加竞赛活动中会增强自己的进取心，发挥自己的主观能动性。

4. 培养成就动机

成就动机是学生学习毅力的源泉，使学生的学习动力永不枯竭。成就动机强的人，对成功感到骄傲，对失败却不那么沮丧。他们情绪积极健康，对未来成功希望的估计比较高。追求成功使人振奋，积极进取，乐学好学，学习效果也较好，同时，成就动机也是刻苦和自觉学习的动力。因此，学生应当努力提高自己的成就动机，使得学习动力持久化。

心灵寄语

学习的最高境界，就是拥有着强烈的好奇心和旺盛的求知欲的积极投入。

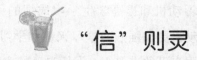

"信"则灵

自信是健康、成功生活的基础。它是一种感觉，是对自己有充分的信心。有心理学家说过：几乎所有人情绪的消极反应都可能是由于自信心不足的结果。

> 芳芳是一名文静的高中女生，从小到大学习成绩一直很优异，深得老师的喜爱。经过中考的洗礼，芳芳来到了现在的学校，这是一所重点高中，大量优秀学生都集中在这里。在这个学校里曾经自信满满的芳芳感到了失落，自己成绩不如以前优秀了，自己变得普通了，不再是众人瞩目的白天鹅了。渐渐地，芳芳变得沉默了，上课也很少主动举手发言，即使回答问题也是很紧张、不流利。虽然老师经常鼓励她，让她勇敢地发言，表达自己的想法，但都无济于事。曾经，芳芳对自己的学习成绩很自信，认为学习是件轻松、容易的事。而现在，芳

芳的成绩大不如从前，对自己学习的能力也开始怀疑了，甚至想到过退学。深陷困惑的芳芳真不知道自己下一步应该怎么办。

心理分析

芳芳的案例是典型的缺乏自信。自信心作为一种重要的社会性心理品质，是中学生良好的心理素质和健康个性的重要组成部分，是人才素质的基本要求。自信心又称自我效能信念，它是一种反映个体对自己有能力成功地完成某项活动的信任程度的心理特征，是自我调节的一个重要因素。芳芳由一名优秀的、受人瞩目的学生变成一名普普通通的高中生，这种巨大的心理落差使她产生了自卑感，开始怀疑自己的能力，并且对自己的不自信影响到了她的学习和生活。

一个缺乏自信心的人，会轻易地夸大那些微不足道的过失和不足，自己吓唬自己，就像面临天塌地陷的灾难一样。

缺乏自信心的人容易忽视周围环境的变化，以静止的眼光来看待自己，就像坐在火车里前行，明明你在飞快地奔向目的地，但你却说："你看我坐在椅子上一动也没动。"看不到自己进步的人就这样不断打击自己的信心，所以形成不当的自我意识，为自己的心理发展设置障碍。

自信心不足者遇到困难常常害怕、退缩、易放弃，而不是努力解决。惧怕尝试新事物、新活动，在活动时总是选择那些比较容易的活动，而逃避那些可能有一定难度或挑战性的新活动。

应对建议

自信不是天生俱有的，而是在生活经验中逐渐形成和发展起来的。青少年时期是自我意识形成的关键期，在这一时期应注意培养自己的自信心，为今后的学习、生活乃至人生打下良好的基础。一般地说，建立自信心应注意以下几点：

1. 要正确地认识自己，提高自我评价

缺乏自信心，从而形成自卑心理的最主要原因是不能正确认识和对待自己，因此，要树立自信，须从提高认识入手。要善于发现自己的长处，肯定自己的成绩，不要把别人看得十全十美，把自己看得一无是处。要树立自信心就要正确地认识自己，既看到自己的长处，又要看到自己的短处，扬长避短。

2. 悦纳自我

每个人都有优缺点，有的人因为自己有缺点就讨厌自己，甚至恨自己，对自己作出消极的评价，感到自己这也不行，那也不行。岂不知这样会限制，甚至扼杀自己的生命力，使自己变得退缩，一事无成，加深对自己的消极评价。一个人只有充分地悦纳自我，才会有良好的感觉，他的情感、才能等才会发挥出色，自信之"帆"才会高扬。悦纳自己就是要高兴做自己，喜欢做自己，不仅喜欢自己的优点，也要平静地接受自己的缺点。

3. 树立积极的自我意识，进行积极的自我暗示

爱默生曾经说过："一个人就是他所想的那些。"你把自己想象成什么人，你就按照那种人的形象行事。把自己想象为一个失败的人，就会想尽办法失败，使自己的行为与自我意象一致。把自己想象为一个"注定要受苦的人"，就会想尽办法去吃各种苦，远远地躲开快乐和甜蜜，不断地以自己的行为来证实自己的观点。只有对自己有积极认识的人，才能充满信心地面对生活。如何拥有积极的自我意识呢？这就需要不断地自我肯定、自我鼓励，给自己以积极地自我暗示，如"我一定会成功！""我有能力做这件事！"。

4. 积极地与他人交往

自卑的人多数孤僻，不愿交往，自己把自己孤立起来。心理学研究表明，当人独处时，心理活动就会转入内部，朝向自我。自卑的人长期独处，心理活动受限，就会使心理活动走向片面，常使自己陷入深深的自卑之中，不能自拔。但当你在与人交往的过程中，你的注意力就会被他人所吸引，感到他人的喜怒哀乐，心理活动就不会局限于个人的小圈子，心情就会变得开朗。

5. 从成功里获得自信,从失败里增加自觉

一个自信和自觉的人,能勇敢地尝试新的事物,并有毅力把它做好,会从成功里获得自信,从失败里增加自觉。当你感觉到自信时,无论多么小的成功,都会特别期望再一次得到自己或别人的肯定。同时,成功的人也会因为体验到成功的快乐而更加自信。

心灵寄语

不论在任何时候都要坚信"我是最棒的",自信的人是最美的。

巧妙的归因

"我怎么这么笨啊""老师讲课没听懂"在学生中经常能听到类似的抱怨,难道考试成绩不理想真的是"我不是学习的料""老师的讲课方式我接受不了"所导致的吗?

郭亮和马华是形影不离的好朋友。升入高中后的第一次考试,郭亮的成绩很不理想,有两科没有及格,其他的成绩也是平平,在班级里排到了倒数第10名;而马华的成绩却非常得好,各科都在90分以上,在班级里排了个第二。郭亮的父亲严厉地斥责他为什么考得这么糟,郭亮回答说:"老师讲得不好,没有吸引力,而且我的脑子太笨了,总是跟不上老师,就是听不懂。"而马华的父母则高兴地夸赞女儿聪明,但马华却很不开心地跟父母说:"你们别太高兴了,这次考试是我的运气好,碰巧老师出的题我都练习过了,下次考试可就没那么好的

> 运气,你们可别指望我还能考出那么好的成绩。"结果,第二次考试后,郭亮的成绩仍然不理想,他仍然认为自己的脑子笨;而马华的成绩也有了很大的退步,她认为这次自己运气真的是不好了。两个人都沉浸在失败的苦涩中。

心理分析

此案例属于中学生学业成就归因问题。故事里的郭亮和马华都对自己考试之后的成绩好或不好的原因做了分析,这就是归因。在我们的学习和生活中,都会体验到成功与失败,而在成功或失败之后,人们会去寻找成功与失败的原因,这就是对成就行为的归因。美国心理学家维纳认为,人们在成功或失败后倾向于将成功或失败的原因归结为四个因素,即:能力、努力、任务难度和运气。

将成功归结为能力和努力,会期待继续付出努力而再获得成功,这是对成功的一种积极归因;如果将成功归结为运气,由于它是不稳定的外部原因,随时可能发生变化,难以控制,因此,对未来将不抱期望,也就不会表现出积极地追求成功的行为,这是一种对成功的消极归因。马华的归因就是属于这一种类型。相反,如果将失败归结为努力不够,可以通过努力来改变失败的结果,去获得成功,会推动对成就行为的追求,这是对失败的积极归因。如果将失败归为能力低,那么,对未来行为的期待还将是失败,这是对失败的消极归因,郭亮的归因便属于这种类型。

像马华和郭亮这样对自己的成败总是进行消极的归因,即将失败归因于自己能力低、脑袋笨,将成功归结于自己碰了好运气或题目简单,这都会削弱他们的学习动机,妨碍他们学业成绩的提高。

应对建议

积极的、正确的归因方式可以使我们对自己的能力产生认同的情感,提高学习的效率。那么,中学生如何对自己的学业成败做正确的归因呢?

1. 教师指引

教师帮助学生进行全面正确的归因，让学生明白学业不良有多方面的原因，不仅与学习能力、努力有关，而且与学习方法、情绪、学习兴趣、意志、同学之间的关系有关，并且指导学生多进行内部的、可控的归因。教师应引导学生注重努力的重要性，因为努力受人的主观意志控制，是个体最能把握的因素。教师在强化学生做努力归因的同时，还要强调努力带来成功的同时也是能力的体现。也可以引导学生把失败归因于学习方法不当，因为学习方法和努力一样是内部的、可控的非稳定性因素，能够有意识地加以改变。把失败归因于它，既可以使学生保持对成功的信心，又可以使学生把注意力转移到如何学习上，并通过不断地自我反省、总结经验，来增加认知技能，掌握学习策略。

2. 归因训练

针对某个励志故事进行归因训练，例如，分析故事中的主人公所采用的归因方式都有哪些，何种归因导致了他的成功，对我们的启示有哪些。可以举行一个小型的辩论会，正方：把失败归因于努力不足会有助于学习积极性的提高；反方：把失败归因于努力不足不一定会有助于学习积极性的提高。也可以针对最近一次的考试结果进行归因，可以总结考试结果令人满意的地方有哪些，不满意的地方有哪些，并分析自己成功或失败的原因。通过不断地练习，掌握正确的归因方式，以提高学习的积极性。

心灵寄语

积极的、正确的归因方式可以使我们更加信心十足地投入到学习中去，并会付出更多积极的努力，冲破学习中的重重障碍，夺取知识的桂冠。

第三部分　学习能力的培养

 不仅要"看到"，更要"感觉到"

　　罗丹告诫其学生、著名诗人里尔克的诀窍是这样一句话："观察吧，除了观察还是观察！"什么是观察？观察力的好坏对人生的发展有无影响？有多大影响？如何加强对观察力的训练和培养？本节将对上述问题进行分析和论述。

> 一次，在生物课外活动小组的会上，老师让同学们谈谈暑假里组织的那次观察螳螂的情景。安波同学第一个抢着发言，他说："那天热极了，我们在草丛里找了好长时间，才发现一只大螳螂，细细的脖子，大大的肚子，不一会儿抓只苍蝇吃了，挺有趣的。"
>
> 接着，张强同学绘声绘色地说："我们趴在草地上正等得不耐烦时，忽然，我的耳边响起'唰唰'的声音，我朝着声音的方向看去，有只三、四寸长的白绿色的大螳螂。它的肚子又宽又扁，上面盖着两对半透明的翅膀，脖颈细长，头略似三角形，眼睛像两个小珍珠，在头的两侧不停地转动。它有三对足，后两对足细长，下半部有刺，前面那一对足像两把锋利的大刀，关节处也有刺，一共分四节……"同学们听得简直入了迷，仿佛这个可爱的大螳螂就在眼前。

心理分析

观察是对对象的一种主动的、有目的、有计划的知觉，是人们认识世界的门户。观——就是"看到"，察——就是"感觉到"，只有看而没有感觉就不能称之为观察。观察力就是善于看出对象和现象的那些典型的，却并不很显著的特征的能力，有的心理学家认为，具有敏锐的观察力比拥有大量的学术知识更为重要。善于观察对我们来说是非常重要的，较强的观察能力可以使我们更加容易认识世界和周围生活，对智力的发展有着重要的作用。

观察是人们认识世界、获取知识的一个重要途径，也是科学研究的一个重要方法，我们在观察对象时，不是无选择地感知对象所展现出来的一切，而是有选择地区分出其中与自己最直接相关、最重要或最有兴趣的东西。俄国著名生理学家巴甫洛夫曾告诫人们说："应当学会观察、观察，不学会观察，你就永远当不了科学家。"的确，观察很重要，观察的能力我们简称观察力。培养观察力，是要注重培养我们有意识地对一个观察对象进行完整、全面地感知的能力。观察力是儿童青少年心理发育的一部分，是从小培养和发展起来的，是在实践中锻炼、逐渐累积的过程。因此，我们要重视对自己观察力的培养，这对开发我们的智力，培养我们的学习能力是十分重要的。

应对建议

为了有效地观察，更好地锻炼观察力，掌握良好的观察方法是必要的。

1. 培养观察兴趣

由于每个人观察敏锐性的差异，在同一件事物的观察上会出现不同兴趣，因而会注意到不同事物或同一事物的不同特点，因此，培养浓厚的观察兴趣是培养观察能力的重要前提条件。如果对这件事物缺乏兴趣，无论成人还是孩子都会"视而不见"。为了锻炼观察能力，必须培养我们广泛的兴趣，这样才能促使自己津津有味地进行多样观察。有了观察兴趣，才能激发我们的求知欲。对事物有了兴趣，时间久了，观察习惯就养成了。

2. 确立观察目的

对一个事物进行观察时，要明确观察什么，怎样观察，达到什么目的，做到有的放矢，这样才能把观察的注意力集中到事物的主要方面，以抓住事物本质特征。目的性是观察力的最显著特点之一，有目的的观察才会对自己的观察提出要求，获得锻炼。反之东张西望、左顾右盼，对事物本身熟视无睹，观察力必然得不到锻炼，因此，只有带着目的的观察才是有效观察。

3. 在观察中感觉

观察事物时，充分利用自己的各种感觉器官，不仅通过看、听，也可以通过嗅觉、触摸、品尝和皮肤触觉来感知外界事物，这样做往往能加深观察的认识程度，体会更多。例如吃水果时，看看外形特征、颜色，用手去感觉其表面的光滑程度、软硬度等等。

4. 尝试提问

多问为什么有助于让我们形成新的看法，指导自己观察事物的规律和观察分析的顺序，培养我们透过事物的现象看本质的能力，是观察力得以提高的重要保证。

5. 制定观察计划

盲目地观察较有目的、有计划的观察效果相差甚远。对一个事物进行观察时，要明确观察什么、怎样观察，制定周密计划，按部就班，系统进行。目的性是观察力最显著的特点，有目的的观察才会对自己提出要求，获得一定深度和广度上的锻炼。

6. 比较着观察

比较观察法在观察自然事物时是很有用的方法，将看到的自然现象与生活中的物品加以比较，更有利于记忆的深刻性、观察的深度性。

7. 保持情绪的稳定

情绪稳定、不忽冷忽热，有利于观察过程的顺利进行。人在愉快时就更有兴趣观察，不愉快时就心情烦躁，甚至由于紧张而无力进行观察，对情绪的良好自控无疑是良好观察的决定因素。

心灵寄语

我没有突出的理解力，也没有过人的机智，只是在觉察那些稍纵即逝的事物并对其进行精细观察的能力上，我可能在众人之上。

敞开"注意"这扇窗

你是否发现自己上课时总是走神儿,不是想着昨晚的电视情节,就是盼着下课去操场上踢球,只能尽力使自己集中精力,可不一会儿就不知不觉又走神儿了?

> 闻名世界的物理学家牛顿是一个有很强注意力的人。有一次,他正在实验室里进行物理实验,有一个小偷闯了进来,小偷十分大胆地在房间里拿起东西,并不时发出很大的响声,半个小时后,他满载而走。大约又过了两个小时,牛顿在实验时发出一声欢呼,原来他的物理实验成功了。等牛顿走出实验室,看到满屋狼藉,他不禁惊呆了,"这是怎么一回事?",牛顿自言自语道。又过了一会儿,他才意识到家中遭到了贼的光顾,于是连忙报警,无奈时间太长,小偷早已逃之夭夭了。

心理分析

从这件事中我们可以看出，牛顿的注意力非同一般，在他搞研究的时候，他把全部的注意力都集中在研究上，对周围的一切充耳不闻。注意是人们掌握知识、适应环境、圆满地完成各种任务的必要条件。可以说人的一切心理活动都不能没有注意的参加，认识活动也是如此，只有具备高度集中而稳定的注意，才能保证学习的顺利进行，并取得良好的成绩，否则，学习便不能进行，更不能有所收获。我们要注意培养自己良好的注意品质，这有利于提高学习效果和学习效率。

"注意"一词，其心理学含义为心理活动对一定对象的指向和集中。不难看出，指向性和集中性是注意的两个基本特征。由于注意在人们的认知活动中具有选择、维持、调节三方面的重要功能，所以，它是人们掌握知识、适应环境、圆满地完成各种活动任务的先决条件。中学生注意的品质虽然比小学生有了明显的提高，但与成人相比，仍有差距，需自我有意识地加强注意力训练。注意按是否自觉和有无付出意志努力，通常分为无意注意和有意注意。无意注意是没有预定目的、被动的、自然而然地产生的注意；它不需要付出任何努力。有意注意是有预定目的，主动地为一定任务服务的注意，它是自觉的，并需要做出一定的努力。在我们的学习活动中，有意注意占着主要地位，这使得我们能够克服干扰，始终保持稳定的注意。

应对建议

保持注意力高度集中的状态有利于我们投入学习、提高效率。提高自己的注意力，不妨从以下几方面入手。

1. 明确学习目标

在学习开始前就明确自己的目标，没有目标会严重影响注意的专注程度。将学习目标明确化，当对某些困难的功课不感兴趣时，只要能铭记目标，便能再次集中注意力，另外，将目标用文字、图标等形式表现出来，也能提高注意力。

2. 拒绝干扰

周遭的干扰足以让你在学习时心神不宁。一般进入专注状态需要15分钟左右的时间，如果每几分钟就会被打断一次，是无法聚精会神的。开始学习时，清理一下书桌，把容易转移注意力的东西拿开，如杂志、报纸、玩具等。有条件的话，尽量把书桌作为学习专用的地方，其他活动如下棋、闲聊等，尽可能不要在这个位置上进行。因此，一个良好的学习环境、避免与他人交谈等都能一定程度使你的分心降低到最低程度。

3. 为自己的功课限定时间

每次开始学习之前，把这次学习的时间和任务安排好，并对自己再交代一下。比如对自己说："我要花一小时时间完成作业。"这样可以使注意力尽快集中到学习上来。设定一个时间限制，强迫自己集中精神完成不感兴趣的功课。但这种方法不能过度不合理地使用，对待困难的课程作业，不能勉为其难地限定很少的时间，要制订计划、设定完成的最后时间。时间限定能有效地防止中途松懈。刚开始时，每次学习的时间不要太长，可以在中间稍事休息，以后逐渐增加每次学习的时间。但根据学习疲劳的规律，连续学习以不超过80分钟为宜。

4. 培养自己在注意集中上的自信心

很多父母从小这样说孩子：我的孩子注意力不集中，我的孩子上课时精神总走神……久而久之，有的同学自己也可能就这样认为。我们不应该受自己和他人的不良暗示，要对自己的注意力有信心。只要你有这个自信心，相信自己具备迅速提高注意力的能力，能够掌握专心的方法，下定决心、排除干扰，我们就肯定可以提高自己的注意力！对自己多加以积极方面的肯定，对注意力的培养是有着积极作用的。

心灵寄语

俗话说"习惯成自然"，以养成良好的注意习惯入手，是全面提高注意力的捷径。

深山藏古寺

"曲曲折折的荷塘上面,弥望的是田田的叶子。叶子出水很高,像亭亭的舞女的裙……"在背诵朱自清《荷塘月色》这段文字的时候,你眼前是否浮现出,静静的荷塘幻化为动态的舞台,舞女们穿着绿色的裙子,翩翩起舞,轻盈地旋转?

> 古时候有一个教绘画的老师以"深山藏古寺"为题让学生作画,有的学生画了很多山,在最深处的山中画了一座古寺;有的学生只在众多的山中画出了古寺的一角;其中只有一个学生并没有画出古寺,而是画了层层大山,密密的树,一级一级的台阶时隐时现,一个小和尚正在山下挑水。最后此画得了最高分。
>
> 曾经有这样一个例子,一个工人进入了冻肉库,不小心把库门锁上了,这时他发现自己忘了带钥匙,于是对寒冷的恐惧和求生的欲望使

> 他拼命地拍手大叫，手都拍出了血，可仍然没有谁能听到他的呼救前来救援。他绝望了，对寒冷的恐怖使他吓得发抖，2个小时后，来接班的工人开门时发现他已经死了。实际上冻库的制冷系统因停电已有两天没有工作了，他是在常温下被冻死的。这说明了什么呢？

心理分析

以上的故事，说明想象对人的重要性。想象对一个人的日常生活的影响是很大的。一个人如果对自己的生活前景有美好的想象，就会激励他朝气蓬勃地去战胜各种困难。例如：红军长征的时候，既要面对数十倍于自己的敌人的围追堵截，又要面对茫茫的雪山草地，红军没有退缩，没有被敌人吓倒，为什么呢？因为他们被新中国的美好想象所鼓舞，所激励，充满了革命乐观主义精神，才取得了胜利。相反，一个人如果对前途充满悲观恐怖的想象，那么他一定会意志消沉，丧失生活的勇气。

为什么这幅根本没有画"古寺"的画，反而得了最高分呢？因为有和尚挑水说明山中一定有古寺。这是一幅充分发挥想象力的好作品，它给人们留下了广阔的想象空间，所以得了最高分。

有了想象力，我们可以上穷碧霄下黄泉，我们可以有天的辽远，海的深邃，无所不能，无坚不摧，我们的记忆力、创造力、理解力都会因此而提升！人类失去想象力，世界将不堪设想。

对于学习活动来说，没有想象的积极参与是不可思议的。一个人想象力的发展水平是依其所具有的表象的数量与质量为转移的，表象越贫乏，其想象越狭窄、肤浅；表象越丰富，其想象越开阔、深刻，其形象也越生动逼真。所以，为了培养学生的想象力，积累表象是前提，还要善于把事物联系起来，找出事物间的关系。

应对建议

培养想象力，不妨从以下几方面着手。

1. 临摹仿效

临摹仿效是想象力培养的第一步，模仿是一种再造想象，它的学习意义远大于自身模仿过程的意义。仿效时，要善于抓住事物的外部和内部特点，不是无意识地进行抄袭，而是把眼前和过去的东西通过自己的头脑再造出来。模仿虽然是一种低级的学习方法，但是创造总是从模仿开始的。

2. 积累丰富的知识经验

发展想象力的基础是丰富的知识经验。除了专业知识和专业知识相关的科学知识之外，还要有广泛的兴趣爱好，特别是阅读文学书籍。文学和艺术作品可以说是想象力的学校。另外，生活经验的多寡，也会直接影响到想象的深度和广度，对于生活经验的积累也不容小觑。

3. 培养发现问题、提出问题的优良心理品质

巴尔扎克曾说过："打开一切科学的钥匙都毫无异议的是问号，我们大部分的伟大发现应该都归功于'如何'，而生活的智慧大概就在于逢事都要问个为什么。"也就是说，发现问题才是真正意义上的"第一步"，我们缺少的往往不是解决问题的能力，而是发现问题的能力。

4. 参加创造活动

创造活动特别需要想象，想象也离不开创造活动，因此，积极参加各种创造活动，是培养想象，特别是创造想象最有效的途径之一。

5. 培养正确幻想

幻想是我们青少年一种极为宝贵的品质。但一个人必须把幻想和现实结合起来，并且积极地投入实际行动，才能避免幻想变成永远脱离现实的空想。同时，一个人的幻想或愿望，还应该与崇高理想结合起来，能及时纠正不切实际的幻想、不良愿望等都是至关重要的。

6. 展开想象

展开想象的基本方式大致有：①黏合。即将现实中的客观事物和一个从未结合过的属性、特征、部分在头脑中结合在一起，形成新的形象。如美人鱼、猪八戒及科学中水陆两用的坦克等。②夸张。也称强调，通过改变客观事物的正常特点，或是突出某些特点而略去另一些特点而在头脑里形成新的形象。如千手佛，九头鸟等形象。③联想。由一个事物联想到另一个事物，如记忆中的联想记忆法。

心灵寄语

一个人的想象活动与其情绪生活是紧密地联系着的……一项伟大的创造，永远产生于丰富的感情之中。

为什么无人摘李子

面对问题你是否有质疑、思考、寻找捷径的过程？还是过度依赖参考书，进而养成不善于思考的毛病？

> 古时候有一个叫王戎的小孩。一天，他和几个小朋友到野外去游玩，走着走着，他们看见大路边有一棵李子树，树上的李子又大又多，把树枝都压弯了。
>
> 一个小朋友说："这是一棵没有主的野李子树，咱们摘点吃吧！"除了王戎以外，所有的小朋友都同意这样做。
>
> 有一个小孩奇怪地问王戎："你不爱吃李子吗？"
>
> "不是，"王戎说，"这李子是苦的，不能吃。"
>
> 大家不信，仍旧吵着要上树摘李子。
>
> 一个小孩爬上树摘了一个李子尝了尝，立刻吐了出来，一边吐一边嚷着："好苦，好苦，真是苦李子！"

> 于是，孩子们把也是第一次到这里来玩的王戎围在中间，七嘴八舌地问他怎么知道这是一棵苦李子树的。王戎把自己的根据告诉了大家。听了王戎的话，孩子们都佩服他，说他遇事善于动脑筋。

心理分析 ▶

此案例是说"思维力"的故事。智力是人的各种认识能力的总和，它包括观察力、注意力、记忆力、思维力和想象力等。在智力结构中，思维能力占有特殊的地位。要运用和发展智力，就必须运用思维力，掌握一套思维方法。德国数学家高斯在读书时，有一次老师列出一个算式：$1+2+3+4+5+\cdots+97+98+99+100=$？要求计算。当老师刚把题目讲完，高斯就写出了答案 $=5050$，原来，高斯看完算式以后，经过思考，很快发现了算式的规律。$101\times 50=5050$。这说明，高斯的思维能力很强。

故事里的王戎是怎么知道树上的李子是苦的呢？他认为，这棵李子树长在大路旁，如果结的李子是甜的，早就被过路的人吃光了。现在树上却果实累累，因此，他断定树上结的是苦李子，这个过程就是思维。

思维这个概念听起来觉得挺陌生，挺深奥，实际上我们平时所说的"让我想一想""你好好考虑一下""他特别愿意琢磨"，说的都是思维。人们认识事物离不开思维，正是由于思维能力才使得人们对事物的认识超越了时空的限制，大大扩大了认识的范围。思维时时刻刻都伴随着我们，思维力在智力的各成分中占据核心地位。所以，在日常的教学活动中教育者都很重视学生思维能力的开发，可以说良好的思维能力既是顺利学习的前提和保证，也是学习的目的与归宿。

应对建议 ▶

提升思维力，通俗地说，就是养成一种自觉思维的习惯、一种下意识地按照思维规律和自身特点进行思维的习惯。提升思维力要针对自己思维中可能存在的问题进行。

1. 提高记忆能力

由于对初始信息、事物本身观察得不深刻、不全面以及记忆不准确等原因，造成在思维过程中常常出现思维停滞、掌握不准确等情况，这会影响分析、推理的有效展开。在平时的学习中，如果没有经常性地对知识进行系统化整理、知识掌握的不牢固，都会导致思维的不畅、经常卡壳等后果。因此，同学们要注意在平时进行知识积累时，深刻记忆、准确记忆、牢固记忆，以避免思维不顺的现象。

2. 养成自觉思维习惯

这是思维自觉性的体现，同学们一定要加强自觉思维的习惯：在思维前应先对目的、目标进行精确界定，对思考的内容、要点、核心问题等也要做准确核对，在心理上有良好的思维准备；并能经常性地对自己思维过程本身进行"反思"，对思维效果进行评估，进而在以后的思维过程中调控、改进。事后反思的过程往往是我们经常忽略的过程，认为它无关紧要，其实不然，良好的反思习惯是思维培养的重要条件，对事件进程起着至关重要的作用。

3. 跳出思维定势

我们的思维往往过于依赖经验，以及已有知识结构，对新问题没有养成通过深入、细致观察得出答案的习惯，往往浅尝辄止、一时找不到答案便束之高阁，这就是我们常常说的"思维定势"。另外，"钻死角"也是同学们经常出现的问题，当思维出现偏差、卡壳、空白及失去方向时，不能立刻意识到这一点，总是在已有的圈子里继续打转。这种时候，我们要学会从其他角度分析问题，锻炼自己用不同途径、方法解决问题的能力。

4. 提升专注水平

思维力能否高度集中，一直是比较关键的一个问题，由于注意力的不集中，使得思维中的问题意识不够强烈，思维经常陷入漫无目标、毫无结果的"空想"。所以，同学们在思考前或思考中，尽量把精力调整到一个较高的状态，保证大脑的清晰、注意力的集中，这对整个思维效率的提升将是非常显著的。

心灵寄语

学贵多疑。小疑，则小进；大疑，则大进。

你拥有记住多少东西的能力?

大家应该听到过很多关于"天才"的故事：3岁神童背诵圆周率、7岁神童快速加减法……你有没有想过，其实自己也可以成为"天才"的。

> 在俄国，音乐家拉赫玛尼诺夫非凡的记忆力，长期以来一直为人们所惊叹。据说有一天，另一位著名音乐家到拉赫玛尼诺夫的老师家里演奏了他刚刚写好的一部任何人都没有听过的交响曲。爱开玩笑的拉赫玛尼诺夫的老师就把自己的学生藏在自己的卧室里。当这位著名音乐家演奏完他的交响曲之后，老师就把拉赫玛尼诺夫领了出来，小伙子坐到钢琴前，把这支交响曲完整地重奏了一遍。那位音乐家听后百思不得其解：这个音乐学院的学生是从哪儿得知他的作品的？
>
> 据报道，1974年3月，在缅甸的仰光市，一位叫班坦塔·维西特沙拉的人在大庭广众之下背诵了1600页佛教经典。

> 法国的著名皇帝拿破仑有惊人的记忆力，他手下一年服役期以上的士兵，他都能立即准确地说出该士兵的名字或背景，常常能让士兵感动不已，死心塌地为他冲锋陷阵。

心理分析

以上的事例说明人类具有惊人的记忆力。记，是记住过去的经验；忆，是记住了的经验必要时得以复现。记是忆的前提，如果不能记住过去的经验，忆就成了无源之水，无本之木；忆是记的表现。美国国会图书馆藏书二千万册，是当今世界最大的图书馆。科学家预测，一个人如果终生苦读好学，并全部记住，那么他头脑里的知识量可以是美国国会图书馆存书的50 倍。可见，记忆能使人的头脑成为知识宝库，记忆是人脑的一个重要机能，它是知识积累的手段。

记忆是人脑对过去经历事物的一种反应。记忆力是智力的重要组成部分，是知识积累的重要手段。它由三个环节组成：识记、保持和回忆。识记是记忆的开始，回忆是记忆的终端，同时，回忆效果的好坏，也是记忆力强弱的象征。记忆能力的强弱影响着人的一切活动。记忆力强，有利于掌握更多的知识。但记忆能力的强弱，除先天的生理影响外，还可以通过后天的培养得到提高。在知识高产的时代，要想尽快地记住所学的大量知识，实属不易。不过，对于揭开记忆的奥秘，专家学者对记忆的研究不断有新的突破。实践证明，大脑的记忆力是"用进废退"的。这就是说，你使用脑子去记忆的活动越多，记忆力就越强。良好的记忆力，是可以通过后天的教育、训练、培养而获得的。

应对建议

1. 了解自己最适合记忆的黄金时段

人们常有的类型是早起型和晚起型。你通常是清晨的记忆效果好，还是晚上好呢？找出你的记忆巅峰期并有意识地加以利用。

2. 掌握一系列的记忆术

（1）联想记忆

请迅速记忆十个词语：火车、河流、风筝、大炮、鸭梨、黄狗、闪电、街道、松树、高粱。

在这里我们可以进行这样的奇特想象：一列快如闪电的火车在河流上奔跑，河流上漂来一只大风筝，风筝上架着一门大炮，大炮的炮筒里打出一个鸭梨，鸭梨打进黄狗嘴里，黄狗跑进街道，跑到一棵松树上，咬住了松树上长的一颗高粱。

这种想象在脑里形成活动的画面，主动对记忆材料进行了深层次地操作，记忆效果会很好。

（2）谐音记忆

如记忆马克思的生活年代1818～1883，可谐音为"一爬一爬爬山"；化学中的金属元素活动顺序表是：钾、钙、钠、镁、铝、铁、锡、铅、铜、汞、银、铂、金，可谐音为"加个美丽的锡铅，统共一百斤"。

（3）图形记忆

首先的应用是地理学科，把文字材料转化成图形化的材料，一见图就回忆出来了。如矿产分布图、降水量分布图等。另外，把学到的知识总结成大纲图或分支图，比较容易记，如记化学上盐的制成可以画出流程图。

心灵寄语

我每天做两种操，一是早操，一是记忆力操，每天早上背书和外语单词，以检查和培养自己的记忆力。

做人生的哥伦布

你常常认为自己能力有限,做事情浅尝辄止吗?你是否经常反思自己:我有什么特别的才能,我做什么事情做得特别好?生活、学习中,是不是经常"点到即止"?有没有意识到,其实我们能做到的比想象中要多很多……

在马戏团里表演的大象,都是从小就开始训练的。小时候的小象很调皮,玩性又大,故用绳子把小象拴在木棒上,由于小象力量小,经过很多次的试验都无法将木棒拖出来,当时间久了之后,只要把象系在木棒上,象知道自己无法挣脱,也就会很安分了。

小象长大变成了大象,不但可以做很多的表演,而且力大无穷,但是每次在表演后,却很安分地被绳子拴在木棒上。

> 大象的力量其实是很大的，但是它因为从小的经验，觉得木棒的力量比自己大，是唯一可以拴住自己的东西，使得它不敢去移动木棒，其实大象是被自己以前的观念所束缚，不了解自己的体力已有很大的改变了，因而放弃了想移动木棒的念头。

心理分析

木棒，就像是妨碍个人发挥潜力的障碍，或许不是具体可见的阻力，而是由个人过去细微的经验所产生的无名恐惧。伟大的航海家哥伦布以发现了新大陆而名传千古，而你，为什么不做自己人生的哥伦布呢？充分发掘自我潜能，你就是一个巨人！现实生活、学习中，发掘自我潜能这个概念，还没有真正进入人们的思维意识里，面对很多事情，我们往往"适可而止""量力而行"……这大大阻碍了我们的潜能开发，体现在学习上，后果可想而知。

我们每个人都具有无限的力量，然而奇怪的是，我们许多人都把它忽视了，或者说白白地流逝了，因此常造成许多不必要的失败。

现代思维科学研究证明，人智力的发展有着巨大的潜在可能性，智力的发展与脑神经细胞之间联系的建立密切相关，人生来就有140亿个左右的脑细胞，但孤立的脑细胞并不能发挥智力作用，只有经过后天学习和环境刺激使脑细胞建立起联系，大脑才能发挥智力。人的智力远远没有充分发挥出来，有人说我们仅仅发挥了10%，尚有90%左右的智能潜力有待开发。学生阶段正是人生黄金时期的开始，脑的机能已趋于完善，可许多同学并没有意识到自己的智能潜力。因此，我们要认清这一点并明确今后行动的方向是极其重要的。

应对建议

激发自己的潜能，不妨试试以下几项训练：

1. 发现自己的能力

按照下面的内容，分别列出你已做到的、你想达到的和你能做到的三项内容。

认知方面	情绪方面	身体方面
（1）想象	（1）领受性	（1）说话
（2）知识	（2）自我检讨	（2）走路
（3）努力	（3）热心	（3）姿态
（4）专心	（4）好奇	（4）运动
（5）计划	（5）志向	（5）写作

然后想一想，你自己是否在努力达到你所想达到的？其次，问一问自己是否把它用在积极的目标上。

2. 积极的心理暗示

积极的心理暗示对潜能开发的影响是巨大的，相信自己的能力是能力激发的前提条件。给自己制定一个目标，每个月都去做一件以前从未做过或想做而又不敢做的事，并注意一定要坚持，对自己说："我有一个月的时间去尝试，也许会成功的，不做一做怎么行呢？"例如：唱歌、学跳一个舞蹈、学计算机、做几何题、交一个新朋友等等。

3. 树立远大志向

所谓立志就是激励自己走向一条积极进取、迎难而上、智慧的人生之路。人有了志向，就会对自己严格要求，就会克服任何困难，聪明才智才会发挥出来。有些同学由于缺乏远大志向，现有的智力都不能得到彻底发挥，更谈不上开发潜能。

4. 提高身心健康水平

健康的身体、充沛的精力、愉悦的心情，可使人的智力技能更好地发挥作用，故它是开发潜能的基础。我们可以从饮食、睡眠、锻炼等方面进行调整身体健康状态，从涵养自身性格、建立和谐人际关系等方面提高心理健康水平。

5. 做益智训练

经常做一些益智训练，如背诵圆周率、做智力游戏、背诵古诗或自己喜欢的作家的作品等等，慢慢你就会发现，原来你可以掌握很多知识，你可以做得比以前更好。

心灵寄语

天才就是百分之一的灵感加上百分之九十九的汗水。

反弹琵琶出新意

为什么爱因斯坦能创立相对论，爱迪生有 1300 多项发明，居里夫人两获诺贝尔奖？他们具有怎样的超级能力？奥秘何在？

> 哥伦布发现新大陆后，一夜成名，有些贵族却对此不满。在一次庆功会上，一名贵族当着哥伦布的面说：发现新大陆不过是偶然碰巧，算不得什么成就。哥伦布没有反驳，而是拿起一个鸡蛋问谁能把它竖在桌子上，众人逐一试过，没有能把鸡蛋成功地竖立在桌子上的，这时哥伦布拿过鸡蛋，轻轻敲碎底部，轻而易举地把鸡蛋稳妥地竖在桌子上，他说："这件事同样很简单，只是你们想不到而已。"
>
> 爱迪生一次让助手计算一个灯泡的体积，由于灯泡形状不规则，助手忙得一头大汗也算不出来，爱迪生过去把灯泡顶部弄破，灌入一灯泡水，再把水倒在容器中，结果一目了然地看出灯泡的体积。

心理分析

这两个故事揭示的是同一个道理：只有善于摆脱常规思维，善于推陈出新，从别人都注意不到的角度反弹琵琶出新意，才会赢得超群的成功。嚼别人吃过的甘蔗，虽可充饥，却非美味。这也就是通常我们所讲的"创造力"。创造力是众多智能成分中最可贵的一项，社会和个人都是靠不断的创新才得以进步的，单纯的重复只会止步不前。创造力是可以后天培养的，心理学家分析创造力的特性包括灵活性、流畅性和变通性等，开发培养创造力的方法，就可以从这些特性出发。

开发学生的思维能力，早已成为教育的重要任务。教学过程中，向学生传授知识的同时，一定要考虑把创造力的培养寓于其中。中学生学习任务繁重，为更好地完成学习任务，就需从现在起培养创造力，为将来创造性的工作打下基础。创造力是一个有争议的概念，但是，根据多数研究者的意见，可以把创造力看成是一种提出新问题、新点子、新想法和创造新事物的认知能力、它表现为对事物的洞察力、思考的流畅性、变通性和独特性等认知特征。创造力并不是由伟大的科学家、发明家和艺术家所独有的，其实，我们每个普通人都具备灵活思考和创新的潜力。因此，开发自己创造的潜力，具体说来就是激发自己创造的动机，鼓励自身的创造表现，了解创造的方法和技巧，以促进自己创造力的发展。

应对建议

人们常用的创造方法有：

（1）组合法。即指在原有两件东西的基础上加以组合为一样东西的方法，如将收音机与录音机加起来变为收录机。

（2）缩减法。即指在原有东西的基础上，减少一些因素的方法，如电子计算机初创时有篮球场那么大，现在已缩减为手掌大小。

（3）替代法。将原材料进行升级换代的替换。

（4）颠倒法。即指一种逆向思维，法拉第就由电流产生磁场场倒过来想由磁场产生电流。

（5）仿生法。即模仿自然界中各种生物的特点进行创造。

要培养个体的创造性，应该从它的主要影响因素着手。

1. 智力

高智力是高创造性的有利条件，但它们并不是绝对的对应关系，高智商并不必然带来高创造性，反之亦然。人的创造性可以分为特别才能的创造性与自我实现的创造性，前者存在个体差异，而后者则是每个人都具有的，通过教育，能够激发每个同学的创造潜能，积极地加以开发利用，是可行而且必须重视的一项工作。

2. 知识水平

知识经验的多少并不足以决定创造性的水平，但理解的深度、广度以及知识经验的组织方式却对创造性有着重要的影响，只有对知识深层次了解，建立良好的联系，才能被广泛地迁移使用，进而加强创造性的可能空间。

3. 个性因素

强烈的好奇心、浓厚的兴趣等可以说是创造力的驱动力；另外，思维的独立性、批判性也对创造力的开发、培养有着重要的意义；对于同学们来说，还要有一定的心理承受力，不怕困难、错误和失败，善于面对挫折，有决心勇往直前等积极的心理品质都有利于创造性的发挥。

4. 环境影响

相关研究都指出：创造性比智力受环境的影响更大。过于严格、过于要求服从的家庭教养方式不利于儿童创造性的发展；过于强调纪律规范、过于强调唯一标准答案、缺乏自有开放氛围的校园环境更会有碍学生创造性的发展；不良的社会文化对创造性发展阻碍的案例也比比皆是……因此，创设具有一定开放性和自由空间的成长环境，尊重学生的独立性，尊重学生个体差异，也是创造力培养的重要环节。

心灵寄语 ▶

处处为创造之地，时时为创造之时，人人是创造之人。

坚强的意志

有人说：困难就像一块石头，对成功者来说，它是一块垫脚石；对失败者来说，它是一块绊脚石。我却说：困难是磨砺意志的磨刀石！

丽丽总是不能按时完成当天的作业；在学习中碰到困难时，不是垂头丧气，就是一蹶不振，不能为之刻苦努力；上课不能集中注意力，不是走神，就是做小动作或睡大觉。她认为自己不是读书那块料，不愿意多看书，多钻研，一拿起书本头就疼。她不能很好地利用时间，一会儿学习，一会儿干别的事，结果一事无成。本来快期末考试了，丽丽决定努力复习一天，可同学小云上门来找她到少年宫看演出，她本不想去，可是看同学来找她，她不好意思拒绝，于是就去了。她经常立志，经常下决心，但是情绪不好时，又灰心失望，什么也不愿意学。

心理分析

案例中丽丽的表现是典型的意志薄弱。上课不能集中注意力，这说明她意志的自制性品质较差；不能很好地利用时间，一会儿学习，一会儿干别的事，这表明她意志的自觉性品质较差；而本来计划学习，同学来找她又不好意思拒绝，这体现了她意志的果断性品质需要增强；她常立志，常下决心，但坚持不下去，这说明她意志的坚韧性品质很弱。

意志是人自觉地确定目的，根据目的支配和调节行动，克服困难，从而实现预定目的的心理过程。中学生的意志发展是在小学阶段发展的基础上起步的，虽然比小学生有长足的进步，然而他们的意志发展还是很不完善，很不稳定的，主要表现为：初中学生，对学习目的的理解较肤浅，在日常学习和生活中，在执行各项任务时，他们想得最多的是如何学习好、如何按时完成任务，而很少想到完成任务的意义；决心大于行动，计划较难持久；主观认识不够全面，社会经验不足，缺乏意志调控能力；意志发展不够完善，加上情绪活动的两极性特点，使他们在行动上表现出盲目性和冲动性。中学阶段是人生发展承前启后的关键时期，因此对中学生进行意志培养与锻炼无疑是十分重要的。

应对建议

那么，作为现代社会的中学生，应该怎样有意识地调适自己的意志品质呢？

1. 树立远大志向

坚强意志的前提是有"志"，青少年学生只有树立远大的志向，才能激发出火一般的热情，充分发挥自己的能动性，冲破重重阻力和障碍，为实现自己的志向而奋斗。

2. 要从小事做起

千里之行，始于足下。坚强的意志不可能一下形成，是在日常学习、工作和生活实践中逐步培养起来的。学生应当把远大的志向与日常学习、工作和生活联系起来，从小事做起，把完成每一项学习、工作任务都视为向远大目标迈进了一步，把克服生活中的每一个小困难都当成是磨炼意志的考验。

3. 坚持体育锻炼

坚持体育锻炼对学生意志的调适有极为重要的意义。这是因为，首先，坚持本身就是坚强意志的重要组成部分。许多学生体育锻炼"三天打鱼，两天晒网"或半途而废，归根到底就是缺少"坚持"二字。从这个意义上来说，学生什么时候能真正坚持体育锻炼了，他的意志也就坚强了。其次，体育运动是磨炼意志的有效方式，体育活动更需要有意志力的配合和参与。

4. 进行自我教育

意志的自我教育主要由以下三个密切联系的环节组成：一是自我提醒。所谓自我提醒，即针对自己的意志弱点，选择相关的名言警句，作为自己的座右铭，用以提醒和勉励自己。二是自我约束。即针对自己的意志弱点，定一些规则、要求，以约束自己。三是自我反省。自我反省古已有之，如"吾日三省吾身，为人谋而不忠乎？与朋友交而不信乎？传不习乎？"，经常反省自己意志的优缺点并扬长避短有助于意志的调适。

心灵寄语

滴水穿石，不是因其力量，而是因其坚韧不拔、锲而不舍。

第四部分
学习习惯的养成

 大脑也需要休息

　　中学阶段正处于人的身体发育的黄金时期，在身体营养满足的同时，大脑也需要补充足够的养分。要面临中考的小红最近很苦恼，没日没夜的学习，但成绩还是跟不上，甚是焦急……

> 小红是一名初三的学生,她给自己制定了一个学习计划表。每天早上五点钟起床背半个小时的单词,听半个小时的听力。晚上放学回家,各个科目在什么时间看都很固定,背了这科背那科,一遍遍地读、复述,可记忆效果不是很好,她就自己找来各科参考书去做。由于内容太多,在规定的时间内完不成给自己定下的任务,既耽误下一科的复习,又影响学习情绪。为了完成自己规定的任务,她就延长晚上学习的时间,而第二天又强迫自己早起,弄得睡眠不足,一上课就打瞌睡,有时硬撑着听下去,可脑子里一片空白,什么也没装进去。越是这样,晚上越要多费时间,造成恶性循环。她感到非常着急,不知如何是好。于是就自责起来:"我真笨,用了这么多时间还是学不好。"

心理分析

小红的案例在中学生中是经常发生的。尤其是面临中高考的学生,为了迎接考试,同学们制定了周密的学习计划,安排高强度的学习任务,以至于影响大脑的休息,耽误第二天的听课,降低了学习效率,不但对身体健康不利,而且也没有取得好的学习效果。

造成小红学不好的原因主要有:没有根据自身性格特点来安排时间,活泼好动是中学生的特点,中学生注意力转移快,思维敏捷,而小红却不顾自身特点,给自己的学习作硬性规定,制定高强度的学习计划;没有根据自身生物钟安排时间,每人的生物钟是不一样的,在一个生物钟周期内每个人都有自身独有状态,在一天内也是较有规律的,在状态良好时学习效果是最好的;没有适应中学的多学科学习,没有掌握学习方法,中学学科多,不能像小学时那样下点工夫就能学好,一定要用有效的学习方法,才能达到理想效果;没有根据学科的不同特点而采取不同的学习方法,应根据学科特点而采用有针对性的方法,不能一味地背书,要有灵活性。

应对建议

那么为了促进身心健康发展,提高学习效率,中学生应当怎么做才能科学合理用脑呢？

1. 根据自身的性格特点合理安排时间

可采用"交替学习法"。不必强迫自己整天埋头复习，可以学习一段时间后就玩一会儿，作为对自己学习的奖励，以此来促进自己对学习的兴趣，即平时所说的换换脑筋。

2. 根据生物钟特点安排时间

平时注意观察自己的生物钟，了解自己什么时候状态最佳，什么时候低潮。把最重要的功课或难题放在最佳状态的时候去学习、思考或背诵，而把一些用脑较少较机械的学习活动安排在低潮状态时进行。一定要根据自身特点安排时间，而不能生搬硬套，仿照别人的安排。

3. 根据学科的不同采用不同的学习方法

例如：学代数光记住公式、定理不行，一定要会用，因此要适当做些练习，熟练使用公式；而几何对实际分析能力的要求更强，需在练习中培养对图形的理解能力；学英语需要记大量单词，牢记语法；政治、历史等学科更是需要记忆。掌握了学科特点，再采取相应方法，学习效率就会提高。对于学科特点，若一时不能掌握，可向老师、同学请教，也可与同班同学交流学习体会。

4. 合理作息，保证睡眠

要维持大脑工作的高效率，必须给脑组织以充分的物质营养。休息能解除脑细胞的疲劳，提高大脑皮质的兴奋度，维持良好的心理状态。睡眠是休息的基本方式，充分的睡眠对恢复大脑功能有重要作用。中学生的睡眠时间一般每天不得少于 8 小时，只有保证充足的睡眠，才能解除大脑疲劳，保证精力充沛。

心灵寄语

身体吃饱的同时大脑也要睡得好。

过度学习要不要

  目前很多学生都有学习疲劳的现象，所谓学习疲劳是指因长时间持续进行学习，在生理、心理方面产生劳累，致使学习效率下降，甚至头晕目眩不能继续学习的状态。

  小嫣进入中学以后，学习非常勤奋，学习成绩也很好。在临近中考的那段时间，小嫣学习更加努力，有时候晚上都复习到一两点才睡觉，而且第二天一早就起来学习，后来她逐渐感觉到自己精力有限，容易疲劳。每次要坐下来学习的时候，就集中不了精神，并且坐下来一会儿就感到腰酸背痛，眼球发疼，根本没办法再进行学习。此外，在上课的时候总是集中不了注意力，上课不久就会打瞌睡。同时，小嫣也感觉到自己性格的变化，以前的她自信，精力充沛，但是现在的她，思维迟钝，情绪烦躁，易怒，忧郁，对学习厌倦，学习成绩大幅度下降。

心理分析

小嫣的表现为严重的学习疲劳，是由于长时间的学习造成的。一般来说，学习疲劳经过适当的休息即可得到恢复，对青少年的身心发展不会造成什么影响。但如果长期处于疲劳状态，勉强让大脑的有关部位保持兴奋，就会导致大脑兴奋和抑制过程的失调，严重的还会引起神经衰弱等疾病，并可能引发身体器官的病变，从而影响青少年的学习。

学习疲劳最明显的表现是腰酸背痛、肌肉痉挛、眼球发胀发疼、打瞌睡等。它表现在心理上为感觉器官活动机能降低、注意力涣散、思维迟钝、情绪烦躁、易怒、忧郁、学习错误增多、学习效率下降、对学习厌倦等。

造成学习疲劳有两方面的原因：一是长时间学习，大脑未得到充分休息而产生保护性抑制；另一个重要原因是学习压力过重，造成学生在学习过程中过分紧张和焦虑。由于紧张和焦虑，消耗了许多的身心能量。

应对建议

面对学习疲劳，我们应当这样应对：

1. 学会科学用脑

大脑有左右两半球，大脑左半球主要与抽象的智力活动（如数学计算、语言分析等逻辑思维活动）有关；大脑右半球则主要同音乐、色彩、图形、空间想象等形象化的思维活动有关。为了克服疲劳，就要使大脑左右两半球交替使用，把数学、哲学等需要高度抽象思维的活动与音乐、绘画、文娱体育活动交替进行，以克服疲劳，提高学习效率。

2. 注意劳逸结合

防止疲劳就要休息，休息有各种不同的形式：一是经过一天的学习之后，晚上要按时睡觉，并保证有足够的睡眠，以便第二天有充沛的精力继续学习。巴甫洛夫称"睡眠为大脑的救星"。二是经过一段较长时间的学习之后，去进行打球、散步、做课间操等体育锻炼，尽管时间不长，也会收到良好的效果。这是因为脑力劳动和体力劳动交替进行是一种积极的休息形式，它可以改善血液循环，有利于消除脑的疲劳，调节脑的机能。

3. 养成良好的生活习惯

养成良好的生活习惯，在大脑中建立起一个合理的"动力定势"，使脑神经的兴奋与抑制保持平衡。这时，大脑的兴奋和抑制就会有规律地进行，减少脑力和体力的消耗，从而有效地学习和工作。

4. 顺应生物钟的节律

按照人体生物活动的规律，上午 7～10 时机体的生物机能处于上升的状态，10 时左右精力最充沛，是学习与工作的最佳时间，此后逐渐下降，至下午 5 时后又再度上升，到晚上 9 时达到最佳状态。

5. 培养自己的学习兴趣

如果对学习兴趣浓厚，学习时心情愉快，即使学习时间长也不易感到疲劳；反之，学习那些兴趣不大，甚至厌烦的内容时，就会感到枯燥，很快进入疲劳状态。因此，培养自己的学习兴趣也是防止学习疲劳的重要方法。

心灵寄语

有效的学习并不是过度学习，科学知识的掌握需要科学的学习方式。

学习的"生物钟"

作为一名学生，一天24小时除饮食起居、保证睡眠和课外活动外，我们剩下的学习时间十分有限，因此，在有限的时间里，如何提高时间的利用率，怎样提高学习效率，十分重要。

> 婷婷和丽丽是高中生，两人是同班同学，她们的家离得很近，平时一起上下学，关系很是亲密。婷婷的学习成绩一直很好，每次考试都是前三名，而丽丽成绩一般，只是中等生。丽丽的学习也很努力，平时也是一直在学，不论上课下课都在钻研习题，晚上也是熬夜地学习，白天上课经常打瞌睡，丽丽一天除了吃饭、睡觉的时间都在学习。而婷婷却比较轻松，上课时认真听讲，积极回答老师的问题，思路清晰，下课后做做户外运动，晚上十一点就睡觉了，早上六点准时起床，婷婷每天都是精力充沛，而且她为自己制定了一套切实可行的学习时间

> 表。例如，上午10点到11点左右是学习的黄金时间，婷婷利用这段时间学习记忆性的知识，下午2~3时这段时间，学习理解性材料。

心理分析

对于学生来说，时间分为上课时间和下课回家后的时间，就是"自由时间"，在上课时间里是老师在传授知识，因此，此时效率（接受效率）尤其重要，而在自由时间里，由于很容易荒废时间，因此此时数量尤其重要。在自由时间里，效率再高，但时间极少，结果还是不好的。

造成婷婷和丽丽学习差异的主要原因是，婷婷善于管理利用自己的时间，在上课时间求效率，在自由时间求质量。而丽丽却不会科学有效地利用最佳学习时间，即便总是学习，效率却比较低，不但时间没少花费，自己也是费神费力，很是辛苦。

许多同学不珍惜一分一秒的时间，使时间浪费在不知不觉中。比如学习时分心，做事情时不分主次，没有一份切实可行的学习时间表。空闲时间嬉笑打骂，学习用具没有放在固定的地方，用时乱找，耽误时间，不懂得书写和阅读的正确方法，不会做课堂笔记。

如果你在学习期间，懂得时间的价值，就学会科学地安排时间，那么在学习上一定会取得成功！

应对建议

我们如何在有限的时间内达到最佳的学习效率呢？

1. 学会时间的管理法

你可以准备一张纸，在上面做一个坐标图。横轴以天为刻度单位（如周一至周日），纵轴以小时为刻度单位，在纵轴适当的地方，画上一条横向的虚线，表示希望达到学习时间的平均水平（此处学习时间指在课堂学习之外的可以自由独立支配的时间），在每晚入睡前，在表上记录当天的学习情况，比如，周一你用了2个小时学习，那么就在对应周一和2小时的坐标上画上一个圆点。每个星期做一张这样的坐标图，连续记录几个星期后，对时间的利用情况做一次分析，找出不足，如果所有点都在虚线以上，可适当提高指标；如果有上有下，说明学习的自律性要加强；如果全在虚线之下，表明你需要加强自我约束。

2. 利用学习的最佳时间

应该在一天中大脑活动功能最好的时间学习。专家研究表明：一天之中大脑功能最好的时候是刚睡醒以后 3~4 小时左右，也就是上午 10 点到 11 点左右。这是一天中学习的黄金时间，要背要记要理解，其效果都非常好。另外，下午 2~3 点是另一个高峰，这段时间，理解材料的效果最好。这两段时间恰是学校上课时间，因此，也可以说，学校上课时间就是最佳的学习时间。对于中学生来说，晚上 8~9 点是学习的又一个黄金时间，这时人的大脑非常清醒，用来复习一天所学的知识，预习新课是再好不过的了。

3. 合理分配时间

合理分配时间就是不浪费零碎时间，不花太多时间找东西，克服懒惰，注意劳逸结合，善于交替用脑。把点滴的时间用来学习，细水长流，水滴石穿，你会取得令自己吃惊的收获。三餐后的进班学习，你要做到"坐下来，静下心，学进去"。课堂上要善于抓住每分每秒，在完成老师布置的任务后主动、快速地找其他任务，绝不浪费一分一秒。充分进行互助，要知道三人行必有我师！要抓住老师来班的难得机会积极提问，以提高自己，也可主动去办公室向老师请教，要记住老师最喜欢爱问问题的学生！要雷厉风行地执行任务，不要找借口推迟行动，不要因为自己的职责失误而返工，这样反而会浪费很多时间。不要太匆忙、太冲动，不论在做事或学习上都要细致，养成事前思考，事后回头的习惯。

心灵寄语

鲁迅曾说过："生命是以时间为单位的，浪费别人的时间等于谋财害命；浪费自己的时间等于慢性自杀。"时间就是生命，时间就是财富，时间就是力量！

强弩之末不能穿鲁缟

人体是一部生命机器,机器的运转是有规律的。我们要善待这部机器,合理使用好自己的分分秒秒,不是为了一时一事,而是健康幸福一生。

> 佳佳是一所中学的初三学生,从小学到初中,成绩一直在班级里名列前茅,还担任过班长、学习委员,可以说她是在荣耀的光环下长大的。但是就在中考前的三个月,突然生病,看书看不进去、晚上无法入睡。有几次她强迫自己看书,不仅头痛欲裂,甚至浑身都不舒服。父母和老师的分析发现,自从佳佳上初中以来,一直承受着很大的压力。她的生活只剩下学习,学习好像成了她的全部。升入初二,学习科目更多,同学间的竞争也更加激烈。佳佳全力应付功课,很少与同学们交流,生活越来越自闭,为了考出好成绩,长期睡眠不足,造成身

体透支症状越来越严重，不得不请假休养。

赤壁之战中分析曹兵的大军"不足惧矣"，因为他们长期作战，奔波劳累，一直未得到休息，短期内都不会有很强的战斗力，正所谓"强弩之末不能穿鲁缟也"，去势强劲的弓箭到了射程尽端连最薄的丝也不能穿透。

心理分析

其实不光是作战，我们的学习也是这样。善于休息的人才善于学习，一口气学习三四个小时也不休息的人最多算精神可嘉，其做法绝对不可取，其结果只会是"心急吃不了热豆腐"，事倍功半。学习时间一定要安排合理，休息放松时间更是一定要保证。一张一弛，文武之道。我们要学会有效的休息，避免学习疲劳，提高学习效率。当你学习疲劳时，课堂上会变得昏昏欲睡，心里想听却什么都听不进去；课后想学习，却打开书本看了半天仍在原地打转，学习效率非常低。

不要以为学习成果与时间成正比，要记住五十分钟很可能大于一小时的学习效果。人的大脑工作机制就是兴奋一段时间后必然转为抑制，其他的体能也会因长久进行一种单调的活动得不到锻炼，而容易疲劳。"磨刀不误砍柴工"，必要的休息是提高学习效率的重要保证。我们在校的学习时间可以说分分秒秒都要珍惜，休息或不善休息的学习只会导致事倍功半的结果，所以一定要学会休息。学会休息包括了解你的生理工作周期，合理地安排休息时间；懂得休息的科学规律，动静结合；了解一些提高学习效果的优秀学习方法，省出足够的休息时间等等。会休息的人才是会学习的人，也才是真正"学习好"的人。

应对建议

美国的企业管理学家艾伦·莱金在其《如何控制你的时间和生命》一书中提出了他对时间的控制方法，现节选如下：①我的时间概念是"准时"，我从每一分钟里都得到乐趣。②我试图每天摸索一种能够帮我节省时间的窍门。③我平时早晨5点钟起床，晚上早点入睡。④我尽可能早地中止那些毫无收益的活动。⑤每件东西我都放在固定的位置，不因用时为寻找而浪费时间。⑥当我连续办完几件事，我奖给自己休息的时间和特别报酬。⑦我永远减少一切"等候时间"，如果不得不等的话，我把它看成是"赠予时间"，用来休息或干一点别的什么事。⑧我尽量不浪费别人时间（除非事关紧要，迫不得已）。

在这里，给大家几点建议：

1. 遵守大脑的运行规律

大脑左右两半球分属不同的功能：抽象思维功能和逻辑推理功能。所以，在学习过程中，要懂得将左右大脑交替使用，例如半小时学习语文、英语等科目，半小时学习数学、物理等科目，交替使用大脑，才不易感到疲劳，可达事半功倍。

2. 劳逸结合，克服学习疲劳

研究证明，人类大脑对某一单一事物的高度集中力能维持25分钟左右，所以，课间休息的10分钟对同学们来说的意义是十分重大的，不间断地学习往往徒劳无益。

3. 保证充足睡眠

睡眠是保证身体发育的关键，青少年的大脑是不断发育的，如果睡眠不足有可能抑制其发展，我们正处于生长发育期，每天应保持10小时左右的睡眠，才利于身体、大脑发育。

4. 把"时间量"的限定改为"学习量"的限定

我们可以规定自己做完此测验就休息十分钟，而不是非要学一小时再休息。很多时候，我们注重时间限定，给自己规定具体的学习时间，若规定过长，必然引起学习疲劳感，这时我们不如尝试将限定变为"学习任务"，效果往往事半功倍。

5. 在自己身体生物节奏高峰期多学习，低潮期尽量休息

身体状态对学习质量的影响不言而喻，保证良好大脑运作习惯，才是有效学习的有力武器。

心灵寄语 ▶

凡事预则立，不预则废。做任何事情都应该有计划，面对学习更是如此。

自学出真知

"教是为了不需要教"这是叶圣陶先生的教育理念,很显然,它表达的决不仅是教者一厢情愿的教学最佳境界,更重要的是这话体现了学生们渴求获得自学能力的愿望。

> 有一位世界著名的数学家,在填写学历表时,写了"初中毕业"四个字,引起了许多人的惊异,他怎么会只有初中毕业呢?不过,事实确实如此,他就是自学成才的数学家华罗庚。华罗庚从小酷爱数学,简直到了入迷的地步,在他当学徒工的时候,柜台上经常是一边放着账册、算盘,一边放着数学书,一有空就请教这位不说话的"老师"。他长期坚持自学,19岁时就发表了第一篇数学论文;25岁时用英文写作数学论文引起国内外注意;28岁当上了西南联大教授。
>
> 这样的事例不胜枚举,像笛卡尔,像高尔基,所以,孟子说:"君子深造以道,欲其自得之也,自得之,则居之安;居之安,则资之深;资之深,则取之左右逢其源,故君子欲其自得之也。"

心理分析

以上故事就是告诉我们,一个人要有较深造诣,必须学会自学。自古以来,自学就是一种很重要的学习方法。现在更是这样,我们必须掌握自学的方法,因为随着现代科学技术的发展,信息量急剧地增加,而我们的学生生涯却只有那十六七年,如果不想被时代抛弃,必须有自学能力,这也是其重要意义所在。只有具备自学能力,才能主动涉猎知识,自行解决问题。而且知识在不断更新中,所以不仅是我们学生,就是科学家也要不断学习来更新自己的知识。

自学是我们在学习过程中的必要因素,预习、复习、作业、课外阅读等学习环节,往往都是由我们自己完成的。缺乏自学能力的人,离开了老师便不知所措,寸步难行,要在学习上取得优秀成绩是不可能的。自学是一种很重要的学习能力,今天的教育培养学生的自学能力显得尤为迫切。知识在更新,科技在进步,而这种更新之快,进步之大前所未有。学习已不再局限于学校,学习的时间延长为终生,学习的空间变为立体。在这种形式下,没有较强的自学能力是很难适应社会发展要求的。现实中,有不少同学学习缺乏自立性,整日随着老师转,他们认为,学习就是完成老师布置的任务,像这样一旦走出校门,在知识的获得方面将显得尤为吃力,势必影响个人潜能的发挥。因此,从战略眼光看,培养自己的自学能力是一项比接受知识更加重要的任务。

应对建议

阅读名人传记或其他论述读书、学习的著作,吸取他们成功的自学方法,不但能丰富自己的课余生活,还能从中欣赏到他们思维的独到之处,对自己自学能力的培养起到指导作用。下面的方法,不妨试一试。

1. 要选好书本

书选得好,就可少走许多弯路,至于哪本书好,可以请教有关方面的专家或教师。除了学校的教材、课本,适当的选读优秀课外读物、扩充自己的知识面也是很必要的。

2. 掌握读书方法,自觉培养阅读能力

华罗庚的读书经验可以概括成八个字:"由薄到厚,由厚到薄",读书应该有个从粗到精,再从精到粗的过程。第一步是快速通读书本,可以先看目录,了解主要内容再浏览一遍,而不必记住具体内容;第二步是仔细研读书本,掌握具体内容;第三步是再一次粗读,进行复习巩固,使知识系统化,形成自己的知识。

3. 提高阅读速度

主要有默读、限定时间读,采取抓要点的读、通读,学会跳、缓、躲等阅读方法。

4. 经常思考,使思考成为书本知识与自己的知识之间的桥梁

只读不想似乎是现在学生们普遍的通病,仅仅是阅读,意义是不大的,阅读后的思考才是阅读本身价值的体现。

5. 大胆质疑,培养自己的质疑能力

"学起于思,思源于疑"。质疑是探索和创新的源泉,是我们自己发现问题、提出问题的首要条件。提出一个问题往往比解决一个问题更为重要,所以我们要大胆怀疑、大胆想象、对某些看法提出质疑。

6. 经常与同学交流,多向老师请教

同学们互相之间的经验交流是对自己自学结果的一种检测,如果能写出体会,学习效果更会有所加深。

7. 要有持之以恒、迎难而上的决心和信心

因为面临考试的压力,我们的学习任务是非常繁重的,但在同样的条件下,有的人却能掌握大量的知识信息,获得好的学习效果,有的人学习效果则不见得令人满意,这其中的原因也包括自学的效果。自学效果若不尽如人意,这时我们不能知难而退,更应该对自己有信心,反思学习过程,找出问题、寻找解决路径。

心灵寄语

如果上帝一手拿着真理,一手拿着寻找真理的能力,任凭选择一个的话,我宁要寻找真理的能力。

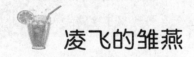 凌飞的雏燕

我国当代著名教育家朱永新说过：一个多读书的人，其视野必然开阔，其志向必然高远，其追求必然执著。也就是说，多读书，不仅能使人变得视野开阔，知识丰富，而且还能使人具有远大的理想，执著的追求。

王华和刘晓是高中的同班同学，他们有一个共同的特点，学习成绩优秀，每次考试二人均名列前茅。到高三时面临毕业了，学校里有推荐保送上大学的机会，论成绩二人都是有机会的，于是他们都被选去参加面试，结果刘晓被选上，可王华却落选了，同学们都很奇怪怎么回事，纷纷向他们询问。

原来，面试并没有考什么学习上的难题，而是问了许多课外知识和有什么爱好、特长之类的问题。王华一心只是死读书，许多课外知识问题都是不知道，临场紧张说话不免磕磕绊绊起来，只能遗憾地与机

> 会擦肩而过。而刘晓不但书本知识学得好，而且广泛涉猎了各个领域，读了许多有益的课外书，说起话来头头是道，旁征博引，再加上他平时的小发明、小创造，自然博得了主考老师的青睐。

心理分析

　　这个事例告诉我们，只有全面发展自己，多读有益的课外书，为自己的未来做全方位的准备，才能抓住一切机会，做一只凌飞的雏燕！多读有益的课外书，不但能开阔学生视野，丰富知识，更重要的是可引起我们浓厚的学习兴趣和探求知识的强烈欲望。开阔视野，启迪智慧，从中能寻找到自己的前进方向，进而成为面向二十一世纪的全面发展的人才。然而，目前来说，课外阅读的重要性在学校老师和学生中得不到应有的认识，也得不到应有的指导，这种现象应加以重视。

　　作为一名在校学习的学生，多数是很用功的，但往往局限于课本，对课外书很少涉及。可是知识没有一定的广度，只是孤立地打基础，死学功课，于是，学校培养了一批批学业成绩优秀"尖子"，可他们书本之外的知识却少得可怜，难以适应未来社会对人才的需要。这个基础若打不好，不可能在这个狭窄的基础上构筑知识的大厦。所以，这一问题应该得到应有的重视。要想学习好，课外阅读是必不可少的，只有这样我们才能像雏燕一样飞掠知识的海洋。如果说课堂的学习是我们攀登知识之山的阶梯，上科学之楼的扶手，那么通过课外阅读这个"窗口"，使"山外青山楼外楼"的科学知识胜境进入我们的视野，产生"欲穷千里目，更上一层楼"的强烈愿望。

应对建议

　　在进行课外读物选择时要注意以下几点：

1. 课外阅读时间

　　由于目前考试竞争的压力，我们的节假日往往充斥着各种补课、作业，在校时间往往交给数理化、语数外。这种情况下奢望学生自己多读名家作品、文学名著显得不切实际。这也是学校、家长、学生需要共同磨合的问题，如何做好师生互动交流、营造一种和谐的阅读氛围、获得家长支持等等都是我们亟待解决的问题。这些问题的根本原因，除了现有的考试制度的缺陷，还有大众对课外阅读的主观认识不足。

2. 课外读物的选择偏好

休闲娱乐类的读物往往更吸引我们的目光，这是让人困惑又不得不承认的现实。大多数同学更喜欢科幻、卡通漫画、童话等题材的书籍，也有部分同学只关心武侠、言情小说、时尚杂志等。更多的同学只是把阅读名著当做老师布置的课外作业来完成，这种"任务心态"的不良影响太大了。我们应该致力于纠正这种认识观。学校保证我们的个性化阅读，绝不是让我们自由化阅读，我们自主选择的阅读材料要建立在提升自己的阅读品位的基础上。另外，目前网络文化的盛行，带来各种益处的同时也不免带来各种担忧，网络文化对我们方方面面的影响范围甚是广大，对此不得不引起重视。

3. 选择有效的阅读方法

在这里向你介绍一种有效的阅读方法。自美国学者罗宾逊提出他的SQ3R学习法之后，迅速风靡了美国的大专院校，传入我国，同样引起了很大的反响。但是，有许多同学虽然听说过，却不知如何具体应用，所以对广大同学介绍此方法很有必要。

SQ3R方法，它的步骤是：S—Survey，浏览；Q—Question，提问；R—Read，阅读；R—Recite，背诵；R—Review，复习。浏览是指迅速阅读标题、目录、主题句、结论、思考题、索引等，使学习者对阅读材料有一定的心理准备；提问是指提出几个与文章有关的问题，要小而具体，对正式阅读起导向作用；阅读时要一部分一部分地仔细阅读全文，要带着问题去阅读，寻找每个提问的答案；背诵并不是背诵全文，而是指先对提问进行回答，并进行检查和修改，再回到文章中去；复习时先将内容再读一遍，从整体上进行把握。其次，再看一遍所提出问题，最后要定期复习，巩固记忆。

【心灵寄语】

凡是我所有的好东西，都要归功于书。

知己知彼，百战不殆

你在班级里有学习上的"竞争对手"吗？为了竞争你做过哪些努力？是否没日没夜毫无章法地用功学习努力赶超吗？你觉得这样有效果吗……

由于期中考试成绩不太理想，王蒙就想出了新的学习方法："向那些成绩优秀的同学看齐，他们做什么我就做什么。"班级里有个成绩较好的同学恰好就住在他家楼对面，每天他都要等到对面楼窗口的灯熄灭之后，再学一个小时，才去睡觉，这样才能心理平衡。他看到别人背数学公式、定理，他也立刻去背公式、定理；看到别人做模拟题，他也迅速做模拟题。他一遍一遍地告诉自己，不要落在别人后面，不要比别人差，别人做什么我也能做什么。要比别人做的题都多，背的单词、定理都多。总之，要比别人做的都要好，这样才能把成绩提上去，尖子生做什么我也做什么，不相信我赶不上他们，不相信我成绩不好！

心理分析

此案例属于中学生自我认识的范畴，不能正确评价自己和评价他人的情况在青少年中广泛存在。实际学习中，我们效仿别人的学习方法并没有错，但是，我们没有认清自己学习上的优势和劣势的时候，盲目地照搬别人的学习方法，依靠别人的学习策略，只是简单地认为和别人做得一样就一定能取得成功，很可能会对自己的学习成绩产生一定的消极影响。

正确的学习习惯的养成最好是建立在充分了解自己的基础上，要根据自己的实际特点，扬长避短；同时，能够及时地把握学习各方面的信息，做到及时、准确、全面地了解所学所考的知识动态，并且借鉴他人优秀的学习策略，就一定能够提高学习成绩。

应对建议

什么是"知己知彼"呢？"知己"即了解自己。要对自己在准备考试时各方面的情况有一个充分的了解，这样才能有针对性地扬长避短，提高成绩。"知彼"即了解考试的内容、方法、形式和规律，分析试题的题型、试题的难度及比例等等。了解考试的这些情况，就能做到心中有数，从而镇定自若，满怀信心，在考试中发挥自己的实力和水平。

那么我们如何才能做到"知己知彼"？

1. 了解自己对各科知识的掌握情况

我们在复习时要常常问问自己，哪些知识掌握的不够或根本就没有掌握。尤其要对照教学大纲，了解自己究竟掌握了多少知识，有哪些内容较为生疏，哪些地方是薄弱环节，必须心中有数。通过对自己学习状况的了解，来制订计划，确定复习的范围以及复习的重点，以便在各科复习中有所侧重，而不是平均分配精力。

2. 了解适合自己的学习方法

学习方法可能是有效的，也可能是无效的。不良的学习方法和习惯会导致学习与考试屡屡失误。我们必须要纠正不良的学习习惯，完善有效的学习方法。

3. 了解自己对于时间的使用状况

必须善于安排时间，吸取过去的经验教训，学会管理和利用时间，纠正浪费时间的恶习。

4. 了解自己的学习环境

评价一下自己过去的学习环境，发现问题，既而改善环境。

5. 了解自己的个性心理特征

人与人之间具有很大的差异，学习有不同的方法和特点，面临考试也有不同的心理反应，所以学习和考试应该根据自己的特点来安排。

最后给大家几点忠告：得失心勿太重，得失心太重往往会使自己患得患失，增加压力；增强实力最重要，不要把心思放在无谓的烦恼上，只要肯花时间在读书上，就会增加自己成功的概率；正视考试的功能，把考试当成检验自己努力成效的工具。

心灵寄语

有耕耘定有收获，知识是一点一滴的积累，今天的努力就是明天的收获！

第五部分　学习挫折的面对

 我只喜欢数学课

　　目前，在很多学生身上普遍存在偏科的现象，他们某一科成绩很好，也有学习这科的兴趣，因此付出了很多努力。然而，对于其他学科则兴趣索然，没有学习的热情，也不爱听课，成绩自然不理想。面对升学考试，偏科该怎么办啊……

> 小明是个聪明、善于思考的学生，目前上初三。小明只喜欢学习数学，数学成绩非常优秀，然而其他科目的成绩就很一般了，像语文和英语有时甚至不及格。班主任老师也说小明的数学很棒，上课注意听讲，积极回答问题，而且回答问题的准确性也很高，对于一些偏难的数学题目，他也会主动思索，和老师讨论。可在其他学科的课堂上，小明就"腼腆"多了，既不听讲也不回答问题，甚至在语文和英语课上做数学习题。老师因为这事批评过他，说："喜欢学习数学是件好事，数学很重要，也很难，学好是要花费一番努力的，但也不能耽误其他科目的学习啊，在中考中，这些科目占的分值是一样的，同样能够决定你中考的成败。"就要中考了，小明真是很担忧。

心理分析

小明的案例是典型的偏科，偏科在学生中是普遍存在的，学习上的偏科往往会导致整体成绩下降。小明是只有一科突出，其他学科平平。小明用在数学科目上的时间远远多于其他科目，而且数学成绩也很优秀，这就更增加了学习数学的兴趣与自信，所以他花费很多时间来学习数学，这样用在其他科目上的学习时间自然减少了，也就导致了其他科目成绩平平。由于各门学科都是互相联系、融会贯通的，学习上一旦有一门科目拖后腿，也会影响其他学科的学习，并给将来升学带来困难。

中学生的偏科一般有以下几方面的原因：

一是知识基础较差，学生在有些学科的知识上有漏洞，上课常常有些听不懂，课后又不及时弄懂，时间长了，问题多了，就造成了基础薄弱型偏科。

二是不适应学校教学，学生如果对老师的教学方式不适应，容易对老师产生一些看法，从而不愿意听这位老师的课，渐渐地变成了不喜欢这门课，从而造成了不适应型偏科。

三是没有掌握学习方法，某同学虽然上课听懂了，但作业却常常做不对，功夫下了不少，可成绩却始终上不来。这种缺少方法型偏科，常常会严重地挫伤学习的信心。造成学生偏科的原因一般不太复杂，但偏科对学生的影响是巨大的。学生一旦出现偏科现象，如果得不到及时引导，往往会造成烦躁和厌倦，进而产生对学习的厌烦情绪，很可能波及其他学科，影响整体成绩。解决偏科的问题需要一定的策略，只有对症下药才能解决问题。

应对建议

1. 时间上从短到长

凡是不擅长的学科，大都是不感兴趣的。如果一开始你便在差的科目上投入大量时间，必然会倍增烦躁与厌倦。因此，正确的方法是按照学习目的制定出一份时间表。比如你今天只复习某一科的某一小节，时间不超过半小时，在这半小时里踏踏实实地把这一小节搞定了，就改学别的科目。时间一长，对差科的学习兴趣就会逐渐培养起来了。另外，还可以将差的科目夹在强的科目中学，时间同样不要太长，以避免枯燥无味的学习。

2. 做题从简单的入手

对于自己不擅长的科目，不要一上去就选那些太难的习题做。因为你在这个科目上基础差，所以做难题只会浪费你的时间，对你的提高没有多大帮助，只能摧毁你的自信心。正确的方法是从简单一些的习题入手，牢牢掌握课本上最基础的知识，在确保自己把简单的题目已完全掌握后，再适当提高题目难度。

3. 找出差中之差

即使是对于差的学科，你也并不是所有问题都一无所知，有些问题还是略知一二的，真正拖累你的是这个科目中某一点或两点。如果你能把这个差中之差找出来，来一个强化或突击性的训练，就可以在短时间里有一个较大地提高，到了那时候你会发现，原来你的差科并不那么差呀！

4. 自我摸底

在经过了一段时间的努力后，你觉得对差的科目仍然心里没底，不知学得如何，这时候你可以找一份试卷来，像真正考试那样做一遍，做完后对着答案自己打分，这就像彩排一样，如果彩排的效果很好，正式演出也不会差。你也可以请一个家庭教师来，让他帮助你把这段时间的所学加以整理，然后考一考你学得怎么样。如果你考得不差，那么你就应该有信心了，你的差科现在已经不差了。

心灵寄语

不要让偏科成为我们学习路上的绊脚石。

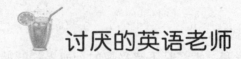
讨厌的英语老师

中国自古就有"亲其师,信其道"的古训,如果你对老师都不信任,那又怎么能相信他所传授的道理呢?如果有一位不喜欢的老师,我们要怎么面对他所教的科目呢……

> 小叶从小天真活泼、有灵气,从小学到初中都是品学兼优的好学生。初中毕业时以优异的成绩考入重点高中。小叶在班级中学习非常努力,尤其是小叶的英语成绩在班级一直名列前茅,深得老师的喜爱。然而升入高二后,小叶的班级来了一位新的英语教师,对于这位新老师的授课风格,小叶很不适应,也很不喜欢这位新老师,每当英语课时小叶就会在底下开小差,不听讲,因为不听讲的事英语老师批评过她几次,小叶不但没有改过,反而更讨厌这位英语老师了。甚至公开与老师作对,指出老师的种种不足。由于对这位新老师的讨厌,导致小

> 叶对学习英语失去了兴趣,她的英语成绩也是一落千丈。为此,小叶的父母和班主任老师都非常焦急。

心理分析

小叶的故事是由于讨厌老师而导致讨厌老师所教科目的典型例子。这种因为对任课老师的讨厌而迁怒于所教科目的现象,在青少年中是非常普遍的,主要表现是与老师关系疏远,轻视老师,流露不满,评头论足,消极抵触,对老师所教科目不感兴趣,甚至产生厌学心理。

本案例中的小叶由于更换新的英语老师,对这位新老师的授课风格不适应,渐渐地开始讨厌英语老师,而迁怒于所学的英语科目,这种做法是错误的,不可取的。

我们分析造成这种不喜欢、不信任的原因主要有以下几种可能:由于和先前的老师已经建立起良好的师生关系和信任关系,而对新更换的老师的授课风格还不适应,还没有建立起信任关系;平时又很少得到老师的关注与肯定,因此对老师产生消极的情感,与老师间关系疏远,渐渐地产生叛逆心理,失去学习兴趣;不会与老师沟通,当与老师相处遇到困难时,不懂得采取恰当的方法表达自己的意见与想法,而往往采用比较消极的态度。

应对建议

我们可以采用以下三种方法来纠正我们的想法,改正我们对老师的消极态度:

1. 对自己不喜欢的讲课形式要逐步适应

根据老师讲课特点来调整上课时的一些思路和行为,对讲课没有任何重点的老师讲的课,要自己多分析哪些是重点,不能仅仅怨老师讲得重点不突出,而应这样想:听这样的老师讲课,能锻炼分析问题的能力。要分析有利的一面,不能只看不利的一面而怨天尤人,最后耽误自己的学业。如果确实是老师的问题,那就想人无完人,金无足赤,老师也会有各种缺点，我们不能强求老师方方面面都完美无缺，应向老师学好的方面。

2. 分析原因，改正看法

可与同学一起讨论，说不定是自己不了解老师的缘故呢。要试着这样想，无论老师好的方面或不好的方面，都会教育自身，而且如果是因为老师的不好而不听课，不是耽误自己吗？对老师的抵触情绪就会打消，上课自然不会因为对老师的抵触情绪而不好好听课了。

3. 善于主动向老师表达自己的心意

用节假日去看望老师，跟老师交谈，听老师的教诲。教师节或元旦、春节，自己动手制作小纪念品赠给老师。老师有困难或身体不适，主动关心老师，询问能否帮助老师做什么事情。有的孩子出于害羞、胆怯，与老师面对面沟通心里发憷，在这种情况下学生可以以书面形式与老师交流。我们要理清自己的思想和意愿，在尊敬老师的前提下如实写出来，向老师汇报，请求老师的指导和帮助，不要忘记写出自己的意见和想法。这样的内容，可以写成单独的书信，也可以写在周记本、日记本里，请老师批阅。

心灵寄语

老师是我们人生道路上的指明灯，不要把老师当做敌人，要把老师当做朋友。

沉重的书包

在中学生中经常出现厌学心理，形成厌学心理的内在原因是由于学生在学习过程中的消极情绪体验和自我认识存在偏差，社会、学校、家庭等外部环境的不良影响也起着消极的强化推动作用。

小叶是某重点中学高一学生，她从小天真活泼、有灵气，从小学到初中都是品学兼优的学生。初中毕业时考入重点高中。刚到高中时，开始学习成绩不错，在班上能排前几名，但逐渐发现自己的位置不再像小学、初中那样突出了，知识面也不如其他同学宽，在回答老师的问题或与同学在一起聊天时，经常答不出来或插不上嘴。选班干部时又没选上，由以前的班长变成了普通同学，小叶心里很不是滋味，一种不被重视的失落感在心中产生了。随着时间的推移，不少同学学习进步很快，有的超过了自己。而小叶的成绩一天不如一天，老师的批评、家长的责备、同学的冷落，使她渐渐地对学习失去了兴趣，每天背着书包觉得越发地沉重，去学校的脚步觉得越发地无力。

心理分析

厌学心理是目前中学生诸多学习心理问题中最普遍、最具有危险性的问题，是青少年最为常见的心理问题之一。从心理学角度来讲，厌学心理是指学生消极对待学习活动的行为反应模式，主要表现为学生对学习认识存在偏差，情感上消极对待学习，行为上主动远离学习。小叶就是典型的厌学行为，因为成绩的滑落而对学习失去信心，渐渐地对学习失去兴趣，而不愿意进入校园。

厌学心理是由于学生学习行为获得的内外反应不同而造成的，其中中学生比例最高。有的同学小学成绩较好，上了中学后生活学习环境改变，面临新的挑战，由于心理适应能力差，在挫折和失败面前无法正视自己，丧失自信心，消极地对待学习，从而出现厌学现象。有的学生学习基础较差，由于种种原因，经过多次努力却只获得一次次的低分和失败，又长时间受到家长的漠视、教师的批评、同学的歧视。他们在学习中无法满足成功的愿望，生活中又无人理解关怀，品尝到的只是失败感、乏味感，逐渐形成学习无价值、自己是学不好的"差等生"等观念。

应对建议

对于学习上的厌学，不妨采取以下方法：

1. 不要开始之前就断定自己没兴趣

想使自己对学习产生兴趣，首先自己必须具有主动学习的良好态度。如果你一开始就断定自己没有兴趣，就真的不可能培养起兴趣了。你应当抱有这样的态度："虽然不知道是否有兴趣，但绝对不要在学习活动未开始之前就马上断定说没兴趣。不管怎样，也要努力试试看，不去尝试谁知道结果呢？"兴趣往往是在增长知识和技能的过程中产生的。

2. 培养对自己身心发展有益的兴趣

你要注意选择那些对社会发展和自身发展具有积极意义的事物，作为兴趣的对象。例如，选择体育运动、音乐、舞蹈、绘画、书法为自己的业余兴趣，就能促进自己身心的健康发展；相反，选择抽烟、喝酒为自己的兴趣，结果一定会朝负面发展。

3. 注意自己的不同兴趣特点

你如果是那种兴趣容易激发却难以持久的人，就要努力让自己长时间坚持一项活动，并且做到不受其他更有趣活动的引诱，使兴趣趋于稳定。你如果是那种生活单调、兴趣贫乏的人，就要让自己多接触社会生活，开阔眼界，多参加一些丰富多彩的活动，培养广泛的兴趣。对于那些兴趣比较广泛却难以集中、什么都想学的同学，要注意明确主攻方向，使自己朝一个中心兴趣发展。对于那些只是把兴趣停留在口头或只满足于对感兴趣的事物的表面知觉的同学，要力争把兴趣变为动力，积极主动地为掌握感兴趣的事物而付诸实际行动。对于那些由于某种原因在学习中产生偏科现象的同学，要注意找出原因，理解全面掌握基础学科知识的重要性，纠正偏科现象。

心灵寄语

不要让沉重的书包阻断求学的道路，卸下包袱，勇敢前行。

三个小时一个字

你是否常常这样：纵然面前需要完成的事已堆积如山，但你仍旧无聊地在网上闲逛；虽然你看起来若无其事，但内心的焦灼却让你如坐针毡。连你自己都不明白：为什么成堆的任务如大山般压顶而来，你也为此万分焦虑，但你就偏偏缺乏做事的动力，甚至还浪费时间去做一些毫不相干的事情？

> 王丽是个初一的学生，很听话、很文静，老师或家长说什么都会耐心地听，但是总有个不好的学习习惯：做事磨蹭、拖沓。早上起床、收拾书包没有一点紧迫感，上课经常迟到。
>
> 在家里做作业时就更不用说了，总是拖延时间，常常看到她在房间里坐三四个小时，作业还是未能完成。有一次，家长看到她在写作文，为了不打扰她，就关上了她的房门，让她自己静静地写。但是3个

小时过去了，父母走进房间一看，她的作文本上却只写了一个字！王丽还摇着头说："今天没灵感、没头绪，还是明天再写吧"。家长很担心孩子这样的学习习惯，怕会影响到她以后的生活、工作。

心理分析

"三个小时一个字"这句话听起来很好笑，其实它背后隐藏的道理很令人深思，我们身边的同学或者包括你自己都有着这样的情况：拖沓、拖延症。"明天再说吧""反正还有时间，先看会儿电视节目吧""这道题太难做了，等会儿再做吧"……这些话似乎总是充斥在我们的耳边。拖延时间其实并不是性格问题，而是习惯问题，一般喜欢拖延时间的孩子，并不是有意而为之，而是他们已经形成了这种习惯和意识。从更深层次来说，这是内心依赖的一种体现。

拖沓是我们在学习过程中的一种拖拉的心理，表现为总是用拖延时间的方式对待正常的学习任务等应按时完成的事，比起学习更愿意消耗时间在其他事物上等等。其实，这种现象来自于心理上对学习的排斥。有些同学往往对学习没有多大的兴趣，是被家长和老师"逼迫"学习的，故而只是做做样子的被动学习，其真实心思根本不在学习上。这样的学习没有明确目的性，无法从内心深处调动起自己的积极性，就无法集中精力去完成自己的功课，无法"今日事今日毕"。我们就像一颗小树苗，茁壮成长需要老师、家长不断地纠正和扶植，我们一旦发现自己有拖沓的习惯，应该及时用积极的方法去克服这个毛病。

时间的宝贵性不言而喻，拖延时间是一种非常有害的行为习惯，它会导致我们什么事情都不能及时完成，什么事情都做不好，消磨我们做事情的动力和斗志，最后会让自己付出高昂的代价，尤其是在自尊心和自信心方面：拖拖拉拉、磨磨蹭蹭的习惯所带来的羞耻、内疚、焦虑，会让你感到自己是个失败者。拖延时间体现在学习上也许仅仅是不能按时完成作业等看似表面的小事儿，但它会消磨我们做事的动力，甚至影响以后为人处事的方式、态度。

应对建议

1. 提高学习兴趣

做功课或学习过程的浪费时间,是在心理上排斥学习的体现,在心理上认为学习没有意思,就会对学习产生抵触情绪,宁愿将这种"学习的痛苦"拖延到最后去承受或者干脆逃避。所以,我们要对学习建立正确的认识,任何事物都能从中找到乐趣使你投入其中,不同科目的学习有不同的乐趣在其中,充分发掘学习的乐趣,端正对学习的看法,不再把学习视为可怕的怪兽,提高对学习的兴趣就不会再有拖延时间的问题了。

2. 明确学习目的

很多同学做作业拖拉,是因为他们根本不知道自己学习的目的和意义。不明确自己的学习目的和意义,老师家长的不断催促,会让很多同学认为学习是为了应付老师和家长。没有目标便没有动力,于是形成了拖延的习惯。我们要认清学习是为了自己而不是为了别人这一事实,通过学习不断提高和完善自己,使自己的各方面能力得以发展,成为一个有益于社会的人。明确了这个目的,我们才能真正认清学习的本质、积极主动地去学习、珍惜每一分每一秒的时间。

3. 提高自己的专注程度

做事拖沓的另一个重要原因就是不能有效地集中自己的注意力,去想一些别的事情,从而在无形中延长了学习时间,有效集中注意力无疑是改变拖延的有效方法,做功课时尽量提高自己的注意力、集中精神,才能保证功课的效率。

4. 增强时间观念

时间观念不强,认为时间总会有的,这种心理尤其妨碍事情的有效进行。有些同学意识不到做功课时走一下神、看一会儿电视都是在浪费时间,以致最后很多事情没有做。增强自身的时间观念、做好学习计划、意识到时间的紧迫性,才能逐步培养起自己的时间观念。

心灵寄语

明日复明日,明日何其多!我生待明日,万事成蹉跎。

阳光总在风雨后

人的一生中，难免会遇到一些困难。有的人会停下来抱怨；有的人会躺下来不干；有的人会拼命蛮干；而有的人则会选择绕行，即使是没有其他的路，也会保持冷静的头脑思考对策，从中找到缝隙或等待跨越的机会。

> 婷婷是个懂事的孩子，现在是初二的学生，上小学时婷婷的成绩很好，没有让父母太操心，顺顺当当的就毕业了，然而随着年龄的增长，婷婷的心事变多了，情绪也变得复杂了。晚上放学后，父母发现婷婷的情绪不高，一问就伤心地哭了起来。原来今天期中考试发布成绩了，对成绩充满期待的婷婷，没想到这次的成绩很不理想，从班级的前十名滑落到十名以外，一直以来语文都是婷婷的强项，然而语文反倒没有考好，为此，婷婷感到了很强的挫败感。婷婷的父母想要安慰

> 她,和她好好谈谈,但是不知道怎么谈,因为每次考试不理想,回到家总会伤心,而且非常自责。

心理分析

挫折感是一种普遍存在的社会心理现象。初中阶段是一个比较容易产生挫折心理的阶段,也是孩子开始沉积、成长的阶段。这个阶段青少年开始思考一些有关人生和生活意义的问题。开始重视自己对社会的意义,一旦觉得自己是个无用之人,就会产生挫折感。

现在的青少年长期生活在被服务的环境中,从进小学到读大学,直到选择工作,都由父母去承受压力,因而他们对各种困难体验都不深,缺乏忍耐力,没有坚强的意志,一旦遇到挫折就被击垮了。实际上,生活中许多轻度挫折都是意志力的"运动场",心理学家把轻度的挫折比作"精神补品",因为每战胜一次挫折,都强化了自身的力量,为下一次应付挫折提供了"精神力量"。

在日常生活中,每个人对于挫折的反应并不相同。一方面这决定于对挫折的感情理解。如一个朋友批评了你,你可能会听从,甚至非常感激他,但如果把这位朋友的批评曲解,认为有损你的尊严,那你的反应也许就大不一样了。另一方面,感情上的失落比物质上的失落反应激烈。当你追求的目标代表着爱、名誉、地位、尊严时,一旦目标丧失,就会产生不良的心理影响。

应对建议

面对挫折我们应当这样应对:

1. 分析原因

遇到挫折时应进行冷静分析,从客观、主观、目标、环境、条件等方面,找出受挫的原因,采取有效的补救措施。

2. 辩证的挫折观

要有一个辩证的挫折观,经常保持自信和乐观的态度,要认识到正是挫折和教训才使我们变得聪明和成熟,正是失败本身才最终造就了成功。

3. 向人倾诉

向他人(朋友们)倾诉你遭受挫折时心中的不快以及今后打算,改变内心的压抑状态,以求身心的轻松,从而让目光面向未来。

4. 学会自我宽慰

能容忍挫折,要心怀坦荡,情绪乐观,发奋图强,满怀信心去争取成功。

5. 补偿

原先的预期目标受挫,可以选择别的途径达到目标,或者改换新的目标,获得新的胜利,这是人的一种心理防卫机制。

6. 升华

人在落难受挫之后奋发向上,将自己的情感和精力转移到有益的活动中去,使之升华到有益于社会的高度,这也是人的一种心理防卫机制。

7. 应善于化压力为动力

遇到挫折和失败,会面临很大的心理压力,在这个时候,你是气馁当逃兵,还是继续而勇敢地追寻?这对于人是一个很大的考验,很多名人、伟人在挫折和失败面前,从不低头、气馁,而是善于化压力为动力,从逆境中奋起。他们的成功经历很值得我们大家去深思,去学习。

> **心灵寄语** ▶

如果把生命比做一把披荆斩棘的"刀",那么,挫折就是一块不可缺少的"顽石",可以使青春的"刀"更锋利。

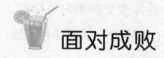

面对成败

在通往成功的道路上难免会有许多的失败。失败像一块块绊脚石，阻挡着我们前进，摧残着我们通向成功的信心、勇气。有许多人面对一次次的失败都选择了放弃，所以他们没有成功。有许多人面对一次次失败只是淡然一笑，所以他们成功了，得到了成就，实现了梦想。我们完全可以选择后者。

> 王鹏是一名高三学生。二年前，他击败了许多竞争对手，从一所普通中学考入现在就读的这所重点中学。高一时，他的成绩还不错，对学习也充满了信心，认为保持优异成绩如囊中取物，易如反掌。谁知，可能是由于初中时的基础差异，或者是不适应中学老师的教法，在胜利和自豪还记忆犹新的时候，他就感到与别的同学有了明显的差距。最令他苦恼的是学习上的相互竞争，昔日被称为"秀才"的他尽

> 管花了比别人更多的时间,但成绩总是上不去,他感到压力越来越大,觉得处处低人一等,感觉到无限的忧伤、压抑、烦恼和痛苦,以致整天心神不宁,注意力不集中,晚上失眠。已经高三了,离高考也越来越近了,可他现在已无法正常学习,甚至想要退学。

心理分析

王鹏同学的例子我们并不少见,这是典型的不能正视成败的表现。现实中很多学生面对成绩的起伏,面对学业上的成败不能摆正自己的心态,往往经历失败后一蹶不振,灰心丧气,怀疑自己的能力,认为自己不行,否定自己,对学习失去了信心,严重影响自己的发展。

本案例中王鹏是因为以优异的成绩考入重点高中,进入高中后成绩却不理想,花了很多的时间在学习上,成绩却没有进展,由以前的优等生变成普通的学生,感到压力很大,而产生挫败心理。造成这种现象的原因是自卑,自卑是一种因过多地自我否定而产生的自惭形秽的情绪体验。自卑感每个人或多或少都有,但也有的人自卑程度较深,影响了正常工作或学习,这需要心理医生的帮助。自信心是积极有效地表达自我价值、自我尊重、自我理解的良好心理品质,自信对一个人的成功起着重要作用。自信的人会坚持自己的信念,充分表现自己的才能,做一件事能坚持到底,能从容对待成功和失败,能够确定自己目标并非常明确地向目标迈进。

应对建议

1. 面对成功

(1)我们要用一颗平常心来面对成功,防止骄傲自满和乐极生悲。成功会令人自豪和骄傲,但我们不能自满,自满则容易使人停止努力和追求。我们要把过去取得的每一次成就都当成一种过去,把每一个今天都当做一个新的起点,不断地追求,不断地提高,才能取得更大的成功。

(2)成功以后要做个总结和反思,找到自己成功的优势和尚存在的不足。对于自己的优势要不断明确,不断增强自信心;对于尚存在的不足,也要有客观地认识，不能因为一时的成功就认为自己无懈可击，正所谓智者千虑，必有一失，你成功的模式随着时间的演变或许就会变成你失败的根源，所以一定要认真总结、反思。

2. 面对失败

（1）要勇于面对失败，不能怨天尤人、自暴自弃。辩证唯物主义告诉我们，事物的发展都是前进性和曲折性的统一，虽然道路是曲折的，但发展的前途是光明的。众所周知，爱迪生在经历了六千余次的挫折和失败后，才把灯丝的寿命延长了1000小时。因此，"不经历风雨，怎么见彩虹"，失败是人生必不可少的考验，经历越多的失败，人就会越成熟，所以我们要正视失败。

（2）要迅速找到失败的原因，并且认真分析失败的原因，寻根究源。俗话说，失败乃成功之母，在挫折中吸取教训，为下一次的奋起提供宝贵经验，避免再一次失败。

（3）面对失败时，也要善于寻求他人的帮助。可能由于当局者迷或者知识经验的不足，有时自己对于失败可能没有特别好的处理方法，这时就要及时求教自己的亲人和朋友，群策群力渡过难关。

心灵寄语

失败也是我需要的，它和成功对我一样有价值。

第六部分 考试心理的调节

 摆正心态,掌握应试技巧

焦虑是人的一种正常反应,任何人面对一个有压力的情景或事物,都会有焦虑。这是人所具有的本能的反应。作为学生面对考试所产生的焦虑更是如此,但你是否过度焦虑了?

> "我写作业一般写得不错,成绩都是优,可一考试就紧张,成绩总不好,这是为什么呢?""我很清楚这次考试对我至关重要,也按计划做了系统地复习;可是,我老是担心考不好怎么办?"从杜彤那焦灼的目光里可以看出,她的确很着急。
>
> 小张在班级成绩好,有口皆碑,他是这样描述自己考前准备的:"我平时上课时就不遗留不懂的问题,每天的新内容当天消化,这样一步步走过来,不是太忙也不是很紧张。考试前,把自己的笔记整体地看了一遍,书上的重点依照总复习题过了一次也就有谱了。没必要打乱平时的学习安排,考前我照样每天写日记、看课外书!"

心理分析

考试是教学和教育的一个重要环节,用以检测学习效果的一种手段,是我们每个学生校园生活中不可避免的一部分。同时,考试也是一种竞争,它要求我们力争取得好成绩,进入好学生的行列,为升学打下基础。因此,考试为大多数同学带来无形的精神压力,使我们产生心理紧张和焦虑,随之而来的便是考试怯场、考场焦虑等现象。不能摆正心态,正确面对考试,是目前学生群体普遍存在的现象,由此引发的严重社会事件也比比皆是,这足以引起我们重视。

考试是一种紧张的心智活动,需要注意力高度集中,思维积极灵活,能够迅速回忆和联想,只有这样才能有效地做答。可是有些同学过于计较考试成败,在考场上一遇上较难的题目,便急得面红耳赤,满头大汗,有时连简单的题也做不出来,心里越着急越想不起来,越想不起来就越着急,结果形成了恶性心理循环,这种心理就是常说的怯场。有了怯场心理,如得不到及时地调节和矫正,形成习惯的话,则每逢进入考场就会怯场,在这种情绪下,是很难发挥出真实水平,考出好成绩的。另外,考试焦虑也是我们普遍存在的问题,有的同学过于关注成绩高低,重大考试前甚至出现失眠、心慌的情况,这种状态势必影响应试发挥。

应对建议

要想克服怯场心理，可以从以下几个方面做起：

（1）端正对考试的认识，做好考前的心理准备。

（2）保持平稳和振奋的心境，考试时冷静分析，充满自信。

（3）出现怯场心理时不要慌，伏案休息片刻，转移一下注意力，使自己的情绪稳定下来。

考试焦虑是生理心理的共同反映，下面列出考试焦虑的相关知识，以便我们对症下药，加以克服：

（1）考试焦虑包括消极的自我评价、他人的评价和看法形成的担忧等，它直接造成生理和情绪上的反应，这些反应恰恰不利于考试中正常水平的发挥。无论是自己的还是别人的消极评价，都会引起自己对考试的焦虑心理，因此，向这些消极评价挑战、分析这些评价的合理性、真实性和出现的频率，将是我们克服考试焦虑的有力武器。

（2）考试焦虑贯穿整个考试过程，它不仅在考前、考中出现，在考试后仍然存在，直到分数发布为止，有的甚至持续更长的时间。

（3）考试焦虑涉及自己的评价、他人的看法、亲友的关怀压力、考场的环境因素、监考人员的表现等等，是牵涉面很广泛的复杂问题，因此克服它也需要同学们多方面多角度地来进行。

心灵寄语

放开往日学习的紧张，用一颗平常心去轻松面对，相信你会考出自己理想的成绩的。

考场上的"克拉克现象"

每次考试后，总有不少同学叹息："这次考试又没发挥好，还有两个会做的题没时间做！"这真的仅仅是"没发挥好"吗？

> 魏凌是某中学高中三年级的学生，向来品学兼优，成绩名列前茅，家长、老师都认为她能考上理想的重点大学。魏凌自己更是信心十足，可是成绩公布后，却令大家大跌眼镜，她的成绩连普通本科的录取线都没有达到！魏凌被这个现实震撼了，她尽力去回忆自己考试中什么地方可能出现问题，可还是毫无结果。于是她情绪消沉，觉得自己十几年的寒窗苦读悲剧收场，看到很多平时成绩不如自己的同学都拿到了录取通知书，心里更不是滋味，于是自暴自弃，同学、老师找她谈心也不理睬。最让父母头疼的是，魏凌没有勇气和信心再次面对高考，拒绝复读，即便家长老师苦苦相劝，说她有实力，她也还是没能提起信心，至今仍待业在家，高考失利的沮丧至今压在她的心头。

心理分析

在这里，平时学习成绩良好，但在考场上却发挥失常的现象，我们称之为"克拉克现象"。这一现象的由来是一位名叫克拉克被称为"田径场奇才"的长跑健将，屡次打破世界纪录，但在运动巅峰期的两届奥运会上却连连失常，与金牌无缘。从此，"克拉克现象"成了有实力但在关键时刻发挥失常的代名词。平时的优秀生、尖子生在重要考试特别是中、高考中发挥失常，往往令学生自暴自弃，对学习彻底失去了信心。这是我们都不愿看到的现象。

"临场发挥失常，让我和大学校园失之交臂""我是公认的尖子生，但一遇到重要考试就发挥不出来"……类似的话语总是在我们耳边围绕。克拉克现象的产生和很多因素有关，比如过于轻视、草率、骄傲自大或者应试心理素质不佳等，它的发生是令人痛心的，但其结果却并不是不能挽回的。只要积极调整心态，争取下一次机会，是能够从考试失利的情绪中摆脱出来的。不可否认，这种现象对人的信心打击是非常大的，尤其是对成绩优秀的同学，他们很少受到挫折，一是受不了现实的打击，很容易产生沮丧、灰心甚至精神崩溃的情况。当我们面对决定命运前途的重大考试时，精神压力、心理负担肯定是很沉重的，过于紧张的后果可想而知。所以，我们应该极力避免这种情况的发生。

应对建议

克拉克现象导致我们的正常水平无法发挥，考不到理想的成绩、无法升入理想的大学。那么，我们该如何避免这一现象呢？

1. 调整考试动机

心理学的相关研究表明，动机的强度与应试能力之间呈倒"U"型曲线关系，即过低或过高的动机水平都不能激发应试能力，不利于应试发挥。过高期望往往带来适得其反的效果，过低期望又不能激发主观能动，只有适当程度的动机水平才有助于正常水平的发挥，甚至超常发挥。我们要正确认识考试，它不过是展示和体现才能、知识的有利机会，并不能一次性决定人的命运。

2. 增强你的自信心

考场上遇到难题、生题，若乱了方寸，是最容易出现克拉克现象的，而自信心很强的人往往不大会出现这种现象。要相信自己的复习是成功的、有效的，适度夸大取得的每一点成绩，给自己一种积极的心理暗示，相信自己能行，自己能成功，这样才能以一种积极健康的心态面对考试。不仅自己对自己的鼓励重要，家长、老师的鼓励也很重要，所以，还需要家长、老师共同的支持，才有助于我们的应试准备顺利进行。

3. 正确评价自己

要对自己有一个客观、全面的评价。充分看到自己的实力，设定适当的目标，才能有助于潜能的发挥。"量力而为"这个词语不能等同于"不思进取""适可而止"，在全面认识自己的基础上，做出人生规划，才是最正确的处事方法。

4. 考前要注意休息

熬夜、用脑过度、睡眠不足等，会使大脑产生保护性抑制作用，会加重考场上克拉克现象。遇到难题或紧张时，通过反复暗示自己"复习很充分，一定会考好"来稳定自己的情绪。

5. 考试失利后的调整

失败并不意味着我们是失败者，它只是意味着我们尚未取得成功；失败并不意味着我们一无所获，它只是意味着我们得到了教训；失败并不意味着我们声誉下降，它只是意味着我们面临新的挑战；失败并不意味着我们无能，它只是意味着我们更该注意学习方式；失败并不意味着我们失去一切，它只是意味着我们可以重新开始；失败并不意味着我们达不到目标，它只是意味着我们将用更多的时间去实现目标！正确看待失败，才是真正的强者！

> **心灵寄语**

流水在碰到抵触的地方，才把它的活力解放。

第六部分 考试心理的调节

借我一双"慧眼"吧

你听说过诚信考场吗?你的学校也有诚信考场吗?问问自己,你是否有勇气走进诚信考场?你的这份勇气背后存在着无穷的力量……

炎热的夏天,在气氛紧张的考场上,一名考生正一边擦着额头上的汗珠,一边偷偷而又迅速地从一张小纸片上抄写着什么,不幸还是被监考老师犀利的眼睛逮住了:"喂!你在干什么?"学生吓了一跳,抬起头,满脸通红。"你这样做,成绩上去了又有什么用呢?"老师开导似的问,学生悄悄对老实说:"老师,您别告诉我妈妈行吗?"

某校一位男生各方面表现都不错,但是,他的绘画技能欠佳。他认为这非常影响他的完美形象。于是,每次交美术作业,他都请别人代画一张交给老师。结果,在最后的结业考试中,由于同学们都要坐在教室里完成自己的作品,他无法再找"替身"。尽管他使出了浑身招数,也没有交出一幅合格的作品。老师终于发现了他平时的"虚伪"做法,批评了他。

心理分析

在考场上,我们经常能看到有的同学左顾右盼,恨不能拥有一双"慧眼",能看得更远,看得更清晰!自从有了考试这种形式,作弊现象就随之出现,并且花样繁多。许多事件充斥着我们的耳目:某中学中考现场学生作弊被抓后,不听取监考老师意见,与监考教师发生激烈冲突,严重扰乱考场秩序;某高考现场,老师协助学生作弊当场被抓……作弊带来的"成绩上升"这种表面现象,许多同学非常在乎,所以每到考试,无所不用其极,但大家都忽视了作弊的本质原因以及它带来的严重后果。

心理学上认为,学生考试作弊的最主要原因是:虚荣心过强。青少年处于一个生长发育的阶段,自我意识发展很快,具有强烈的自尊心,争强好胜,希望得到别人的认可,希望在伙伴眼中获得一定的地位。当自己取得不错的成绩时,可以得到老师的表扬、同学的羡慕,还有家长的喜欢,甚至得到一些精神或物质上的奖励,相反如果没有好的成绩可能会被别人看不起,受到父母的冷淡与责骂、教师的遗弃与歧视、同学的轻视与鄙视。因此有的同学总想在考试中取得好成绩,以获取别人另眼相待的"荣誉",作弊现象由此产生。作弊带来的后果,除了不利于自己诚实品德的培养,更关乎自身价值观、人格的发展,价值取向偏离正常轨道,认为受到他人尊重大于一切的极端思想,严重影响我们的心理成长。

应对建议

中学时代是获取知识的时代,应该用真才实学来充实自己;中学时代是塑造个人品德的最佳阶段,应该用真诚待人来完善自己。我们应该认识到,要向世人展示一个真实的你,这样才是最值得赞美、羡慕的。

虚荣心是人的一种不健康的心理,是一种不良的心理反应,对人的危害极大。虚荣心严重的人常常将名利作为支配自己行动的内在动力,总是依据他人对自己的评价而生存,一旦他人对自己有一点否定的成分存在,自己便认为失去了所谓的自尊，精神崩溃。作为成长中的青少年，一定要克服这种虚荣心。那么，我们要如何加以克服呢？

（1）首先对人对事要有平常心，看淡金钱、权力，以平常心对待生活、学习和工作，这样就能消除不必要的心理压力，摆脱虚荣心的干扰。

（2）其次要敢于暴露自己的不足。如果你曾经因为怕暴露自己的不足之处而去隐瞒或说谎的话，那么从现在起，不要再向他人隐瞒，索性将完整的自己暴露给他人。正视自己的不足才不会一再伪装自己，为其所累。

（3）最后就是要追求真实的自我。近代著名教育家陶行知先生曾经说过："千教万教教人求真，千学万学学做真人。"自我评价远比他人评价的意义重大。

除了靠我们的自身努力，对于作弊行为的控制，还应得到家长、教师的配合。

1. 培养孩子诚实的品格

向孩子讲明作弊的危害性：考试作弊是一种自欺欺人的不良行为，即便偶尔瞒过了老师，但天长日久最终会害了自己，它是一种得不偿失的行为。此外，家长、教师要以身作则，给学生树立优秀榜样。

2. 教育孩子正确看待分数

一些家长和老师把分数作为评价孩子、奖惩孩子的标准，孩子分数高，家长和老师就给予赞扬和奖励，分数低就批评、责骂孩子，这势必会将孩子引入分数误区。

3. 给孩子适中的奖励

把成绩和奖励挂钩，有时的确能收到良好的效果，但家长给孩子的奖励要适中，如果过分地以物质、金钱来刺激孩子，难免会将孩子的学习目的引入误区，使孩子为了物质奖励而学习。一旦成绩上不去，就会想到作弊。因为诱人的物质奖励是孩子难以抗拒的。

心灵寄语

没有伟大的品格，就没有伟大的人，甚至也没有伟大的艺术家，伟大的行动者。

我脑海中的橡皮擦

有些同学一到考场上就会对自己很熟悉的题目感到模糊，但是一出了考场就会全记起来。被这种现象影响考试成绩的考生并不在少数。但是这属于回忆过程中的暂时性遗忘，千万不要跟记忆力下降联系在一起，认为是自己的能力出了问题。

> 李亮是某中学学生，学习成绩一直在班上名列前茅，家长和老师都对他寄予厚望。中考很快就要来临了，李亮的理想就是要凭自己的成绩考进心目中的重点高中。但进入初三第二学期以后，情况发生了一些微妙的变化，他从原来的尖子生变成了现在的中等生，期中考试总成绩从班上的前几名掉到了中级名次。对此，他的父母伤心不已，找家教上门给他补课，以求他重新在班里拔尖，争取中考时顺利考上最

> 好的重点高中。李亮也更加刻苦学习，认真写作业，做习题，其实考试的那些内容及题目李亮都懂，也不觉得难，可一到考试就不知怎么搞的，感觉答案就在眼前，却写不出来，答案就在嘴边盘旋，但就是记不起来，最后功亏一篑。

心理分析

考场答题的功夫往往不是一蹴而就的。许多考生在考试中都有过"答案就在嘴边，却怎么也想不出来"的感受，平时努力记忆、用心做题，知识水平积累到一定的程度，但是在考场上，试卷一发下来后感到大脑一片空白，即将呼之欲出的灵感和记忆全部消失，考试过后却突然忆起，这种现象心理学上叫做"舌尖"现象，意思是回忆的内容到了舌尖，只差一点，就是无法忆起。舌尖现象在现实生活中也很常见。例如，有时遇见很熟悉的朋友，却怎么也叫不出对方的名字，弄到自己非常尴尬。

所谓"舌尖"现象，是指我们熟悉的东西在一时紧张的情况下不能追忆，在心理学上称为短暂的记忆性受阻，是因为大脑对记忆内容的暂时性抑制所造成的。这种抑制来自于多方面，比如对有关事物的其他部分特征的回忆掩盖了所要回忆的那部分特征，又比如回忆时的情境因素以及自身情绪因素的干扰等等。而消除了抑制，如经他人提示、离开回忆困难时的情境、消除紧张情绪等，舌尖现象往往就会消失。"舌尖"现象只是一种暂时遗忘，国外心理学家的研究表明，平均2天以后很多人可以回忆当时想不起来的问题。这种现象在重大考试中非常普遍。值得注意的是，出现在学习和考试中的舌尖现象常会影响到我们的情绪、信心，所以必须加以克服。

应对建议

那么对在考场上出现的"舌尖"现象，我们应该如何处理呢？

1. 平时知识积累

"舌尖"现象产生的土壤是机械记忆和机械的答题方式。我们在平时要扎实地学好知识，通过形成知识网络建立起有效的知识体系，借助理解记忆、多感官记忆。在常规复习中注重对记忆内容的意义理解和分析联想，把学习材料的关联性放在重要位置上，采取及时复习、分散复习、系统复习等方式调动复习的积极性，巩固所学的知识，建立起有效的检索体系。这样在考场需要运用知识的时候，就能准确、及时地提取出来，考试时你就不会困守在"舌尖"的方寸之间举步维艰了。

2. 临危不乱，保持镇定

无论平时学习多么认真，总会有些地方学得不是很扎实，处在紧张的考试环境中"舌尖"现象便不可避免地出现了。这时要保持冷静，注意调节自己的呼吸，坚持有规律地呼吸能帮助个体恢复心理平衡状态。当我们感到比较放松后，再继续做题。如果过一段时间还不能想出答案来，就可以想一想与之相关的学习内容，努力回忆面临的问题与以往所学的哪些课程、所记的哪些笔记及练习题有关，从而找到解决这一问题的有效线索。若还是不能记起来，就应暂时放下这道题，懂得取舍，把更多的注意力转移到其他有把握的题目上，以免浪费太多时间，也许换个心境就能找出答案，更有可能在做其他题目的过程中受到启发而茅塞顿开。

3. 积极的心理暗示

积极的心理暗示能够激发积极的考试行为，有利于考试的成功。对自己多喊口号："我平时付出那么多，怎么可能考不好！""准备已充分，就等上考场了！""我今天精神很好，一定考出好成绩！"……这类积极的心理暗示，平时就应该多对自己使用，养成习惯，那么面临考试时，就不会因为过于紧张而导致发挥失常了。

4. 动机强度适中

恰如其分的考试动机有利于考试顺利进行，期望值过高，会造成情绪的崩溃。制定目标时，不要把目标定得过高，给自己过多压力，期望值过高，就很容易紧张，这种紧张是很容易引发"舌尖"现象的。

心灵寄语

人生如战场，许多的时候，例如考试，必须要靠勇敢、冷静，才能不怕挫折，接受挑战。所谓敌人，不一定在别处，不一定是他人，恰恰是我们自己举心动念间，都是人生的危险。面临危难时，要冷静思考，不可自乱阵脚。

几多欢喜几多愁

"考、考、考,老师的法宝;分、分、分,学生的命根。"即使全社会如此呼吁素质教育,考试还是学校生活的重头戏,而分数的高低依然决定了老师、学生、家长的喜怒哀乐。

小倩是个活泼的女孩儿,学习成绩一向不错,受到同学和老师的喜爱,可这次高考过后,成绩还未出,小倩就开始焦虑起来:语文的作文是不是写跑题了?数学最后一道大题没有答完,能给我多少分呢?答题卡没来得及检查第二遍,会不会有涂错的题目?……每天,小倩都是在这种忧心忡忡的心态下度过的,渐渐地开始愁眉苦脸、不爱言语,整日闭门不出,只躲在房间里,导致自己面黄肌瘦,最后不得不住院调理。

小雷是班里的体育委员,成绩中等,考试过后,认定自己考得非常

> 好，超常发挥，学校统一估分的时候，也没有认真回忆自己的考卷进行准确估分，每天兴高采烈地去打篮球。结果成绩出来，过高地估算了自己的成绩，名落孙山。这之后，小雷便丧失斗志，整个假期郁郁寡欢，家里又催促他考虑复读，几乎每天都会因为是否复读而吵架，和父母的关系也紧张了起来。

心理分析

关乎人生的重要考试过后，考生们心态各异。有的是历经沙场后的一身轻松，有的是马失前蹄后的扼腕叹息，有的是经历挫折后的恍然大悟，还有的是考试失意的内疚沮丧。种种心态显示，中、高考后的心理辅导刻不容缓，考后的心理调节的重要作用是不容忽视的。中学生年龄毕竟还小，身心尚处于发育期，重大考试过后的心理调节往往不能独自完成，而这方面的辅导，现实中又往往被我们忽略掉了。

随着中、高考的结束，一些考生不知不觉又陷入了焦虑阴影之中，整日为未来忧心忡忡："我到底能否进入重点高中""如果成绩不理想，进入不了大学，我是否要复读"……相关研究表明，从考试结束起到成绩公布前后这段容易被忽视的时间里，60%～70%的考生会产生不同程度的焦虑，近20%的考生会因为过分焦虑而影响日常生活。据统计，女生更容易低估自己的考分造成无谓的压力，而男生则很可能高估考分，成绩公布后会因失望而造成心理问题。一些内向、孤僻的孩子不敢对家长、老师说出实情，心理压力又无处宣泄，这种压力不断积累，很有可能在高考成绩公布前后爆发，有的甚至会产生精神崩溃。由于成绩不好引起的学生自杀、患病的事件屡见不鲜。

应对建议

中、高考对我们来说是一次心理应激过程，即使是心理素质好的同学也会出现不同程度的心理症状，紧张、忧虑、懊悔等情绪又会影响人体的免疫功能，如果不注意调整，在考后很容易出现各类疾病。因此考试后，我们一定要注意加强身体保健。

1. 睡眠

这种方法最简单有效,也是我们普遍采用的休息方式。但这里要注意,科学的睡眠,并不等于整日酣睡不起,而是要根据实际情况调节睡眠,睡眠时间要有规律,使生物钟正常运转,疲劳才会消除。贪睡不起,往往引发精神恍惚、萎靡不振。

2. 聊天

考试过后,若能找一些朋友和同学就一些轻松的话题聊一聊天,是很利于消除考后的焦虑感的。若有些同学觉得自己焦虑过重,需要适当地心理辅导,则可以寻求专业的心理咨询来进行。

3. 运动

疲惫不堪的考生通过各种运动来恢复身心状态,效果绝对是最佳的。考前为了迎考,我们一般都远离了运动场,考后通过进行个人体育锻炼和参加集体运动等,能有效地恢复身体健康、增强体质。但这里需要注意的是,运动量不要过大,要慢慢地增加运动量,避免运动损伤。

4. 阅读

以消遣和解除身心疲劳为目的的阅读也不失为一种有效的方法,不是去看艰深的专业书,而是读一些趣味性强的文学作品、诗歌、散文类作品等。

5. 旅行

同家人或朋友进行旅行,呼吸一下大自然的新鲜空气,也是一个很好的缓解疲劳的方法。考试失误者,其不快情绪,会被大自然的美景所融化,考试胜利者,大自然的美景将会让你的愉悦心情得到更好的陶冶!

面对考后焦虑,更要注重心理调节:

1. 正确评估自己

愉快地接纳自己,考后既不悲观失望,也不盲目乐观,正确评价自己,可以增强自信心,减轻考后焦虑,有意识地扬长避短,才能正确制定目标。

2. 掌握放松技巧

考试后的焦虑心情,可以通过自我放松得到缓解。主要方法有:音乐放松、自我暗示放松等。自我暗示,就是用放松的语言自我安慰,例如

"考试都已经过去了,无论我现在怎么想,都没有太大作用,没有必要浪费时间""考场感觉不错,等待通知书只是时间问题"……积极自我暗示能有效地缓解考后的紧张焦虑。

心灵寄语

我可以拿走人的任何东西,但有一样东西不行,这就是在特定环境下选择自己的生活态度的自由。

为中、高考加油

喜马拉雅山直冲霄汉，可上面有攀爬者的旗帜；撒哈拉沙漠一望无垠，可里面有跋涉者的脚印；阿尔卑斯山壁立千仞，可其间有探险者的身影；人生道路上荆棘满布，可其中有奋斗者的记忆。

一天，一个雕塑家发现自己的相貌越来越丑陋了，"丑"并非指肤色、五官，而是指神情、神态，他遍访名医，均无办法。一个偶然的机会，他游历一座庙宇时，把自己的苦衷向长老说了，长老说，我可以医治你的病，但你必须雕塑几尊神态各异的观音像。雕塑家在雕塑的过程中不断研究琢磨观音的德行言表、不断模拟其神情和心态，达到了忘我的程度。半年以后工作完成了，同时，他惊喜地发现自己的相貌已经变得神清气爽，端正庄严。他感谢长老治好了他的病，但长老说："是你自己治好了自己的心病。"

> **心理分析**

这个故事告诉我们：相由心生，心态决定成败。在平时生活中，我们经常听到有些同学说："我不行""我干不了"。其实，他们有此想法最主要的原因就是自卑。自卑是一种因过多的自我否定而产生的自惭形秽的情绪体验。自卑感每个人或多或少的都有，但也有的人自卑程度较深，影响了自己的正常工作或学习，对于面临中、高考的同学们，这种心理状态是万万要不得的。我们需要的是自信心。正如拿破仑所说："胜利不是站在智慧的一方，而是站在自信的一方"。

一个人在学习、工作和生活中不可能总是一帆风顺的。有的人遇到困难和失败就灰心丧气、情绪低落，甚至惊慌失措、精神崩溃；有的人则视之为"兵家常事"，从中吸取教训，寻找经验，并继续努力、追求成功。这两种人的行为表现截然不同，关键就在于有无自信心。自信心是自己相信自己的一种情绪体验，是对自我力量的充分估计，只有拥有自信的人才能自强不息。坚定的自信心，是一个人成才的诀窍。人生成功的条件在于自信。只有相信自己，才能敢于踏上成功的起跑线；只有充满自信，才能毫不在意暂时的失败，登上成功的彼岸。自信，是人们在实践中表现出来的一种美好的性格特征。我们要鼓起勇气，扬起奋斗的风帆，树起自信的旗帜，脚踏实地，埋头苦干。

> **应对建议**

树立自信心的方法和途径：

1. 积极地认识和评价自己

把自己的优势用书面语言表达出来，在和同龄人比较后，对于自己的优点就可以一目了然。要认清自己的强项，善于挖掘和发展自己的特长，以补偿自己的不足。

2. 正确看待困难和失败

要以平常心面对失败和挫折。在漫长的人生征途上，一帆风顺是不可能的，而挫折和失败是必然发生的，对此持平常心，就不会在感情上产生很大的波动了。我们要认识到，每一次的付出并非都能取得成功，真正的胜利者都遭受过挫折与失败。可贵的是，他们能正确地面对挫折与失败，承认它们是成功路上必不可少的，并自信能通过自己的努力克服它们走向成功。

3. 积极的自我暗示

你可以准备一本"成绩簿"，每天都在上面记录可增强自信心的事，只要它对你而言，算得上成功，算得上突破。另外，还有一种"60秒PR法"的游戏。该游戏要求人们每天花60秒钟，以讲演的形式描述自己的天赋和能力，以及自己应达到的成功目标。在讲演中，要注意选择一些积极的、肯定式的语句。例如：我是有能力的，我在各方面越来越好，我是我生命的主人等。另外，在演讲中还应多提到自己过去成功的具体事例；设计的成功目标必不可少，长期目标要富于想象力和激发性，近期目标则要求切实可行，具体明确。

4. 友好地对待自己

当自己获得小小的成功，别忘了奖励自己；当你感到疲惫或者厌倦，给自己放个假，休息一下；在节日或自己的生日里，不要光是等着别人的礼物，你也可以送一点儿礼物给自己。每天早上洗脸之后，用一分钟时间对镜子作出不同表情。并认真观察，持之以恒，你将发现，这样做会使你整天保持愉快的心情，还会使你逐渐喜欢和接受自己的容貌。你可以对自己说："从各方面看来，我一天比一天好了""太阳每天都是新的，又开始了充满希望的一天""我能行……"等等。

5. 练习当众发言

要在人多的场合多发言，这是信心的维生素。不用担心你会显得很愚蠢，因为总会有人同意你的见解。与人交谈时注意多用陈述句，少用疑问句，尽量避免犹豫不决的口气，并且提高你的声调。这都会让别人认为你是个自信的人。

心灵寄语

梦想成功的青年，面对险象环生的生活海洋，只有带上自信，满怀希望，才能扬帆破浪，从暗夜和昏黑奔向晨曦和黎明，从险滩恶水驶向碧水蓝天！